AF311848

MARIE-ANTOINETTE ET SA COUR

MAI-JUIN 1927

BIBLIOTHÈQUE DE VERSAILLES

LA REINE

MARIE-ANTOINETTE

ET SA COUR

Préface de M. Pierre de Nolhac
de l'Académie Française

BIBLIOTHÈQUE DE VERSAILLES

MAI-JUIN

1927

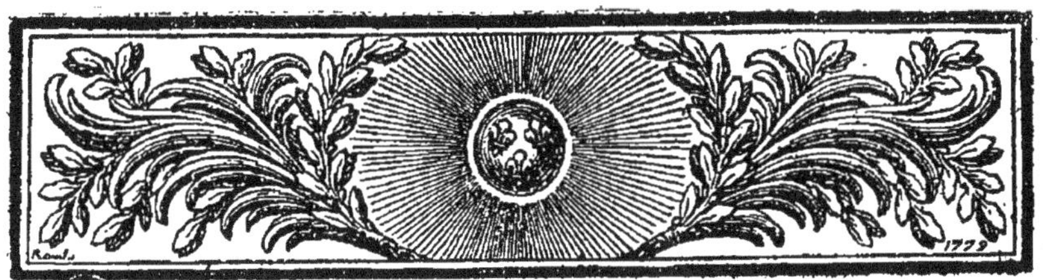

Réunir de tels souvenirs à Versailles, l'idée est si naturelle qu'on s'étonne seulement de la voir réalisée si tard. N'est-ce pas ici que s'évoque le mieux celle à qui pensent tous les Français, quand on dit simplement « La Reine » ? Nous avons vu, en 1894, à Paris, une exposition du même genre, sous le titre ambitieux de « Marie-Antoinette et son Temps », où l'esprit critique des organisateurs fut quelquefois mis en défaut. Elle a laissé pourtant une trace, que l'exposition de Versailles, plus sérieuse et plus choisie, n'aura pas de peine à effacer.

Le décor même y prête un attrait puissant. C'est, à deux pas du Château, l'ancien Hôtel des Affaires étrangères, construit par le duc de Choiseul, le négociateur du mariage du Dauphin. Il contient aujourd'hui la Bibliothèque de la Ville, une des plus riches et des mieux dirigées de France, le plus dignement logé peut-être de nos dépôts provinciaux. Tout le rez-de-chaussée y présente des livres sur les rayons mêmes où furent, sous Louis XV et Louis XVI, les registres de nos archives diplomatiques, et l'élégante galerie qui les abrita est encore intacte. C'est là que fut signé le traité de 1783, qui consacra l'indépendance des Etats-Unis d'Amérique. Un musée, d'un rare intérêt, occupe les étages supérieurs, où bien des panneaux de sculpture parfaite, provenant des démolitions du Château, ont trouvé asile.

Mais la véritable richesse de cette maison est le fonds de livres anciens formé de collections nombreuses, recueillies par les saisies révolutionnaires dans la région de Paris, et où figurent les bibliothèques royales ou princières de Versailles. Les reliures « aux armes » y sont dans une abondance inusitée, et les amateurs de livres précieux s'attardent à les étudier. Parmi ces trésors, les livres de la Reine ont une place de choix, et c'est leur présence qui justifie l'exposition où l'on nous convie.

« Princesse bibliophile », Marie-Antoinette mérite-t-elle d'être ainsi nommée ? D'autres qu'elle ont acquis ce titre pour avoir fait travailler d'habiles relieurs, bien pourvus de fers ouvragés et maîtres en l'art de fixer sur le maroquin rinceaux et dentelles d'or. Aucune de nos reines, aux derniers siècles de la monarchie, ne s'est refusé ce luxe, délicat hommage aux choses de l'esprit. On sait même que Marie Leczinska, par exemple, ne se bornait pas à apprécier le talent souverain d'un Padeloup ou d'un Derome, mais qu'elle aima les livres pour eux-mêmes et fut une liseuse avertie et passionnée. Sera-t-il permis de rappeler que l'aimable reine de Trianon y porta des goûts moins sérieux et qu'ayant possédé bien des volumes, et de fort beaux, elle ne les a jamais beaucoup aimés ?

Chacun sait quelles querelles faisait à la jeune dau-

phine la correspondance grondeuse de sa mère. Inter-
prète des instructions de Marie-Thérèse, l'abbé de
Vermond eut quelque peine à obtenir d'elle des heures
de lecture régulières et à lui faire étudier les ouvrages
d'histoire nécessaires à l'instruction élémentaire d'une
future reine de France. Peut-être les ouvrages de ce
genre avaient-ils moins de charme que ceux d'aujour-
d'hui. Ils apportaient cependant à la jeune princesse
des notions indispensables à sa vie quotidienne, à ses
relations avec les grandes familles du royaume et à la
connaissance des institutions nationales. La Reine, plus
libre de ses actes que la Dauphine, préfèrera tirer cette
instruction des conversations de ses amis.

Il existe pourtant à Versailles, parmi les « cabinets
de la Reine », et il y eut au rez-de-chaussée, dans son
« petit appartement » détruit, de gracieuses pièces jadis
remplies de livres, où Marie-Antoinette parut suivre
un exemple donné par Mesdames, ses tantes, et sa
belle-sœur, la comtesse de Provence. La bibliothèque
de 1781, voisine de la chambre à coucher, a conservé
ses hautes armoires, ses glaces encadrées de cuivre, ses
tiroirs à estampes dont un aigle d'Autriche forme le
bouton, ses reliures feintes par lesquelles Martial,
relieur de la Reine, a masqué le panneau des portes.

A Trianon, où la bibliothèque n'existe plus, le catalogue inscrivait 1930 volumes, parmi lesquels les romans
comptaient pour 536 et les pièces de théâtre pour 408.
C'est une bibliothèque de campagne, faite pour le
délassement plus que pour l'étude, telle qu'on en trou-
vait dans tous les châteaux de l'époque. L'abondance
des œuvres dramatiques s'explique par les goûts de la
Reine et de sa société et le voisinage de sa petite scène
où l'on montait les comédies et les opéras-comiques

à la mode. Ce n'est pas aux reliures de Trianon que paraissent les beaux fers royaux; tout est uniformément en veau écaillé sans or aux tranches, avec un simple écusson sur les plats et, au dos, la couronne surmontant les lettres C. T. (Château de Trianon). La réunion n'en est pas moins intéressante, et l'on est tenté d'y chercher des révélations sur les goûts de celle qui les posséda.

Elle ne s'occupa nullement de la former. Les livres furent choisis souvent pour leur nouveauté, par le sieur Campan, son bibliothécaire, qui eut carte blanche pour en décider. Aucune règle morale, bien entendu, ne guida cet homme aimable et léger, qui songeait à satisfaire les habitués du petit château bien plus que son auguste maîtresse, et leur préparait de la littérature courante pour le désœuvrement de la campagne. Il a fallu la mauvaise foi des ennemis posthumes de la Reine et le pharisaïsme d'une époque, pourtant bien peu sévère, pour reprocher à la châtelaine de Trianon le choix de livres dont elle n'a, sans doute, jamais connu l'existence.

Quels furent ceux qui traînèrent sur les guéridons de Versailles? Si l'on ne nous a point renseignés, c'est qu'il n'y avait rien à nous apprendre. « Hors quelques romans, dit Besenval, elle n'a jamais ouvert un livre. » Un jour, Dumont, la peignant, en a mis un dans ses mains; le geste est charmant, il ne lui est point familier. Marie-Antoinette est mieux évoquée parmi ses fines porcelaines, ses boîtes d'or et d'émail, ses miniatures de Sicardi et de Campana, et surtout les fleurs sans cesse renouvelées dont elle remplissait ses vases de chine ou de cristal. La causerie, la musique, les menus

ouvrages occupaient ses loisirs; il y eut peu de place
pour la lecture.

Elle y viendra un jour, au Temple, auprès de ses
enfants qu'elle instruira, dans cette prison où elle saura
réfléchir et se tourner vers Dieu. Mais que connaît-on
des livres que la Reine lut alors? Nous n'avons qu'un
recueil de prières qu'elle a signé le 16 octobre 1793, à
quatre heures du matin...

PIERRE DE NOLHAC,

de l'Académie française.

La Bibliothèque de Versailles a pu réunir ces précieux souvenirs grâce à l'aimable concours des :

ARCHIVES NATIONALES.

ARCHIVES DÉPARTEMENTALES DE SEINE-ET-OISE.

ARCHIVES MUNICIPALES DE VERSAILLES.

BIBLIOTHÈQUE NATIONALE.

BIBLIOTHÈQUE DE L'ARSENAL.

BIBLIOTHÈQUE DE CHALONS-SUR-MARNE.

CONSERVATOIRE NATIONAL DES ARTS-ET-MÉTIERS.

CONSERVATOIRE NAT^l DE MUSIQUE.

MANUFACTURE NAT^{le} DE SÈVRES.

MUSÉE DU LOUVRE.

MUSÉE DE L'ARMÉE.

MUSÉE CARNAVALET.

MUSÉE DE METZ.

MUSÉE DE VERSAILLES.

ET DE :

S. A. R. DON JAIME DE BOURBON.

S. A. R. le Prince SIXTE DE BOURBON.

M. le Comte ALLARD DU CHOLLET.

M. L. BARADUC-MULLER.

M. le Prince de BÉARN ET CHALAIS.

Mme BENET.

Mme la Comtesse de BERTIER DE SAUVIGNY.

Mme la Baronne de BININGER.

M. le Duc de BLACAS.

M. le Vicomte JEAN DE BLOIS.

M. le Comte LOUIS DE BLOIS, Sénateur.

M. le Docteur E. BOISSART.

Mme CAILLARD.

M. le Duc des CARS.

Mme la Comtesse A. DE CHABRILLAN.

M. J.-B. CHANTRELL.

Mme T. CHANTRELL.

M. le Comte de CHAUMONT -QUITRY.

M. MAURICE DARLU.

M. le Baron de DOMECY.

M. le Duc de DOUDEAUVILLE.

M. ANDRÉ D'ESTAILLEUR.

Mme la Princesse de FAUCIGNY-LUCINGE.

Mme FIRMIN-DIDOT.

M. le Vicomte de FONTENAY, Ambassadeur de France.

Mme la Comtesse TH. DE GONTAUT-BIRON.

Mme la Marquise de Gourmont.
M. le Duc de Gramont.
M. Henri Grosseuvre.
M. Louis Guerin.
Mme Pierre Izarn.
M. Johnston.
M. Kaufmann, à Bâle.
M. le Marquis de La Roche-Fontenilles.
M. le Comte Aymery de la Rochefoucauld.
Mme la Comtesse Guy de la Rochefoucauld
M. Jean Lantz.
M. Henri Lavedan, de l'Académie Française.
M. le Manach.
Mme Lepel-Cointet.
M. le Comte de Lesseps.
Mme la Marquise de Maillé de la Tour-Landry.
Mme la Duchesse Douairière de Luynes.
M. le Duc de Luynes.
M. le Baron André de Maricourt.
M. Marnier-Lapostolle.
Mme la Comtesse de Massol.
M. Et. Masson.
M. Gaston Menier, Sénateur.
M. le Comte Bérenger de Miramon.
M. le Marquis des Monstiers Mérinville.
Mlle de Montarnal.
M. le Comte Henri de mortemart.
Mme la Comtesse Henri de Mortemart.
M. le Comte Et. de Nalèche.
M. le Comte et Mme la Comtesse Niel.
M. Pierre de Nolhac, de l'Académie Française.
Mme la Comtesse Jacques de Pange.
Mme la Comtesse Jean de Pange.
Mme Gaetan Partiot.
M. Albert Père.
M. le Duc de Polignac.
Mme J. Porgès.
M. J. Quentin.
M. le Baron de Queyriaux.
Mme Renault des Graviers.
M. Raymond Richebé.
Mme Rigaudias.
Mme Claude Saint-André.
Mme la Baronne de Sainte-Preuve.
Mme Standish, née des Cars.
M. Paul Tissandier.
M. le Marquis de Villefranche.
Mme Ch. M. Widor, née Montesquiou-Fezensac.

L'ARCHIDUCHESSE. - LA VENUE EN FRANCE

1.

L'Impératrice Marie-Thérèse. — Gravure en couleurs par GAUTIER-DAGOTY le fils, lissée sur bois et vernie (fait partie de la *Galerie Universelle* de Gautier-Dagoty, août 1772).

A la comtesse Niel.

2.

Montre de l'*Impératrice Marie-Thérèse*, donnée par elle à sa fille *Marie-Antoinette.* — Provient de la Duchesse de Tourzel, aïeule du possesseur actuel.

A M. le prince de Béarn et Chalais.

* * *

3.

Marie-Antoinette, archiduchesse d'Autriche. — Premier portrait (crayon) exécuté, sur les ordres de Louis XV, par les soins du marquis de Chastellux. Don du roi Charles X à la duchesse de Parme, fille du duc de Berry et grand'mère de S. A. R. le prince Sixte de Bourbon.

A S. A. R. le prince Sixte de Bourbon.

4.

Marie-Antoinette, Archiduchesse (1769). — Pastel par Joseph DUCREUX. Ce portrait est le premier de ceux que peignit Ducreux, envoyé à Vienne pour reproduire les traits de l'Archiduchesse ; soit défaut, soit excès de ressemblance, il ne satisfit pas la Cour d'Autriche et fut refait, ainsi qu'en témoigne la correspondance échangée entre le duc de Choiseul et l'ambassadeur Durfort (cf. Vuaflart et Bourin, *Les Portraits de Marie-Antoinette*, I, pp. 35 et suiv., et pl. n° 24).

A M. Marnier-Lapostolle.

5.

Marie-Antoinette, Archiduchesse (1769). — Pastel par Joseph DUCREUX, donné par la Reine à Pauline de Tourzel, depuis Comtesse de Béarn.

A M. le prince de Béarn et Chalais.

6.

Marie-Antoinette, Archiduchesse d'Autriche, de profil à droite (1770). — Moulage en plâtre d'un médaillon exécuté en biscuit de porcelaine, d'après la médaille de A. WIDEMAN (reprod. dans : Vuaflart et Bourin, *ouvr. cité*, I, n° 29).

A la Manufacture nationale de Sèvres.

7.

Prières chrétiennes, imprimées à Vienne par Jean-Thomas de Trattnern, imprimeur de la Cour, 1765. — Reliure en maroquin vert-olive, dans un étui de même matière. Sur les derniers feuillets, restés blancs, se lit la prière de Louis Racine :

> Immortel adoré sous tant de noms divers,
> Père de la Nature et Roi de l'Univers...

Il semble qu'on puisse y reconnaître l'écriture de Marie-Antoinette. A en juger par l'orthographe, la poésie n'a pas été copiée, mais reproduite de mémoire, comme par une élève qui, ayant appris un texte par cœur, le note par écrit pour s'en mieux souvenir. Don de M. Chatonnet.

A la Bibliothèque de Versailles.

* * *

8.

Louis XV présentant au Dauphin le portrait de Marie-Antoinette (1769). — Estampe à la manière noire par J.-B.-A. GAUTIER-DAGOTY, publiée en 1770 (reprod. dans Vuaflart et Bourin, *ouvr. cit.*, I, n° 25).

A M. Henri Grosseuvre.

9.

Mariage par procuration de *Marie-Antoinette* à Vienne, le 19 avril 1770. — Jeton d'argent signé W. H.

A M. Raymond Richebé.

10.

Même sujet. — Médaille d'argent de G. H. Kückler.

A M. Raymond Richebé.

11.

Même sujet. — Médaille d'argent de Wideman et K...

A M. Raymond Richebé.

12.

Arrivée de *Marie-Antoinette* à Güntzbourg, le 29 août 1770. — Jeton d'argent, anonyme.

A M. Raymond Richebé.

13.

Même sujet — Médaille d'argent, signée : W. H.

A M. Raymond Richebé.

14.

Même sujet. — Médaille d'argent, signée : K.

A M. Raymond Richebé.

15.

Relation manuscrite des fêtes offertes par le Magistrat de Strasbourg à l'*archiduchesse Marie-Antoinette*, à son arrivée de Vienne, les 7 et 8 mai 1770. Reliure en maroquin rouge aux armes de la Dauphine. Provient des collections Double et d'Armaillé.

A la comtesse Jean de Pange.

16.

Eventail apporté de Vienne par *Marie-Antoinette* et donné par elle à une dame de Strasbourg, le 7 mai 1770, quand elle fut déshabillée dans la « Chambre d'échange ». Don Pierpont Morgan.

Au Musée Carnavalet.

17.

Malle de poste, recouverte de maroquin rouge et ornée de fers dorés, ayant contenu la lingerie destinée à *Marie-Antoinette*, à son entrée en France. — Provient de la marquise de Ligneris.

Au Musée de Versailles.

18.

Rencontre du Roi, du Dauphin et de Mesdames de France avec la *future Dauphine*, le 14 mai 1770, dans la forêt de Compiègne. — Estampe populaire (feuille d'almanach pour 1771).

A M. Henri Grosseuvre.

LE MARIAGE. - LA DAUPHINE

19.

Acte de mariage de Louis XVI et de Marie-Antoinette
(16 mai 1770). — Signatures autographes de : Louis XV,
le Dauphin (Louis XVI), Marie-Antoinette, les comtes de
Provence et d'Artois, Mme Clotilde, Mme Adélaïde,
Mme Victoire, Mme Sophie, le duc d'Orléans, le duc de
Chartres (Philippe-Egalité), le cardinal de La Roche-Aymon,
Grand Aumônier de France, Allart, curé de Notre-Dame de
Versailles (registre des mariages de la paroisse Notre-Dame
de Versailles, pour l'année 1770). (*Voy. planche I*).

A la Mairie de Versailles.

20.

Arrivée de l'Archiduchesse Marie-Antoinette à Versailles, le
16 mai 1770. — Estampe populaire de Basset, coloriée,
(*Collection de Vinck*, I., n° 44).

A M. Henri Grosseuvre.

21.

*Monseigneur le Dauphin et Madame la Dauphine en habits de
noces.* — Estampe populaire coloriée.

A M. Henri Grosseuvre.

22.

*Célébration à la Chapelle du Roi à Versailles, le 16 mai 1770,
du mariage de Monseigneur Louis-Auguste, Dauphin de France
avec l'Archiduchesse Marie-Antoinette.* — Grande estampe
populaire coloriée de Basset.

A M. Henri Grosseuvre.

23.

Cérémonie de la bénédiction nuptiale donnée... à Louis-

Auguste, Dauphin de France, et à l'Archiduchesse Marie-Antoinette d'Autriche. — Vue d'optique coloriée de J. CHEREAU.

A M. Henri Grosseuvre.

24.

Cérémonie du mariage de Louis-Auguste, Dauphin de France, avec l'Archiduchesse Marie-Antoinette. — Gravure coloriée d'après DESRAIS (*Collection de Vinck*, I, n° 46).

A M. Henri Grosseuvre.

25.

Cérémonie de la bénédiction nuptiale. — Estampe populaire de Basset, coloriée (*Ibid.*, n° 47).

A M. Henri Grosseuvre.

26.

Description des fêtes et spectacles donnés à Versailles à l'occasion du mariage de Monseigneur le Dauphin. — Paris, chez Vente, Libraire des Menus-Plaisirs du Roi, 1770 ; in-8°.

A M. Henri Grosseuvre et à la Bibliothèque de Versailles.

27.

Illumination du parc de Versailles à l'occasion du mariage du Dauphin et de l'Archiduchesse Marie-Antoinette. — Par J.-M. MOREAU le jeune ; vue prise du pourtour du bassin d'Apollon sur le Grand Canal, le 19 mai 1770 (le feu d'artifice, préparé pour le 16, avait dû être remis à cause du mauvais temps). Esquisse à la plume, rehaussée d'aquarelle, du n° 29.

A M. Henri Grosseuvre.

28.

Même sujet. — Etude pour le dessin suivant ; achetée à la vente de la collection Jacques Doucet par les « Amis de Versailles ».

Au Musée de Versailles.

29.

Même sujet. — Grand dessin achevé et signé : « J.-M. MOREAU le jeune, 1775 ». C'est le premier dessin exécuté par Moreau, comme dessinateur des Menus-Plaisirs.

Au Musée du Louvre.

30.

Allégorie du mariage du Dauphin et de Marie-Antoinette. — Gravure à la manière de crayon, tirage en sanguine, de

Demarteau l'aîné, d'après Jean Guérin (*Collection de Vinck*, I, n° 60).

A la Bibliothèque de Versailles.

31.

Même sujet. — Gravure à l'eau-forte de P.-L. Auvray, d'après J.-Ph. Beauvais (*Ibid.*, n° 63).

A M. Henri Grosseuvre.

32.

Même sujet. — Gravure à l'eau-forte, non signée.

A M. Henri Grosseuvre.

33.

Les Vœux de la France et de l'Empire, médaillons allégoriques pour le mariage de Monseigneur le Dauphin, 1770, par l'abbé de Petity, prédicateur de la Reine. — Recueil de gravures à l'eau-forte et au burin, de P. Chenu, d'après l'abbé de Petity.

A M. Henri Grosseuvre.

34.

Allégorie du mariage du Dauphin et de Marie-Antoinette. — Jeton d'argent de Léonard ; légende : « Perpetua ex nuptiis... »

A M. R. Richebé.

35.

Même sujet. — Médaille de Duvivier ; légende : « Sacrum æternæ... »

A M. R. Richebé.

36.

Même sujet. — Médaille d'argent de Roettiers ; même légende.

A M. R. Richebé.

37.

Même sujet. — Médaille d'argent de Wurth ; même légende.

A M. R. Richebé.

38.

Eventail peint, décoré d'une *allégorie du mariage du Dauphin et de Marie-Antoinette,* offert en présent à l'une des demoiselles d'honneur de la Dauphine (reprod. dans Vuaflart et Bourin, *ouvr. cit.*, II, n° 8).

A M. Jean Lantz, de Mulhouse.

et très puissante princesse Marie Adelaïde de france
de très haute et très puissante princesse Victoire
Louise Marie Therese de france de très haute et très puissante princesse
Sophie Philippine Elisabethe Justine de france, de très haut et puissant
prince Louis Philippe duc d'orléans premier prince du sang, de très haut et
puissant prince Louis Philippe Joseph d'orléans duc de chartres prince
du sang qui ont signés avec les époux

Louis

Louis Auguste

Marie Antoinette Josephe Jeanne

Louis Stanislas Xavier

Charles Philippe

Marie Adelaide Clotilde Xaviere

Marie Adelaide

Victoire Louise Marie Therese

Sophie Philippe Elisabeth Justine

L. Phil. d'Orleans

L P J d'Orleans

Charles Antoine de la Roche Aymon ... grand aumônier de france

... Curé

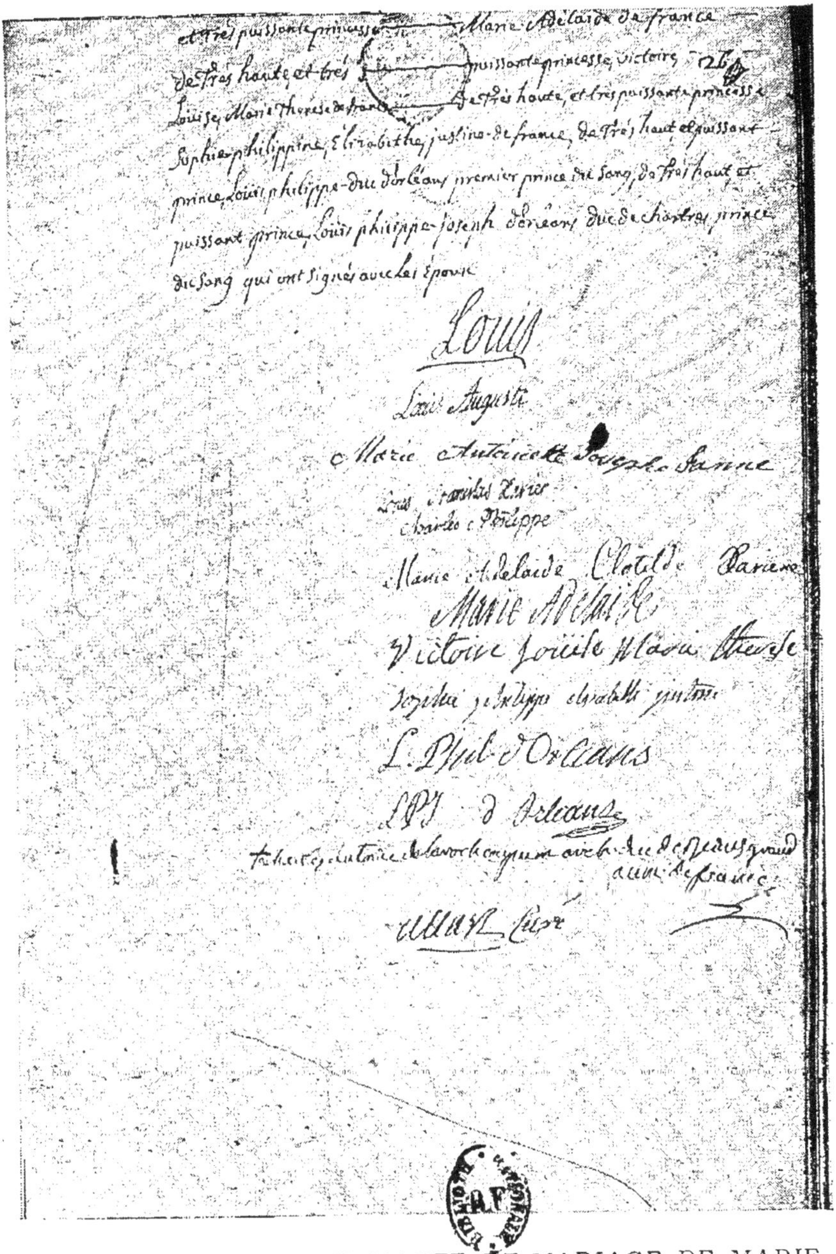

Pl. I. — SIGNATURE DE L'ACTE DE MARIAGE DE MARIE-ANTOINETTE ET DU DAUPHIN.

(*A la Mairie de Versailles*).

Pl. II. — MARIE-ANTOINETTE, par Duplessis.

(A M. P. de Nolhac, de l'Académie Française).

Pl. III — MARIE-ANTOINETTE, par Drouais.

(Au Comte Allard du Chollet).

39.

Idylle de Saint-Cyr, à l'occasion du mariage de Mgr le Dauphin avec Marie-Antoinette d'Autriche. — Partition manuscrite, reliée en maroquin rouge, aux armes de la Reine.

Au Conservatoire National de Musique.

40.

L'Pompier ou l'jasement du Marais... (Paris, 1770), chanson populaire composée à l'occasion du *mariage du Dauphin et de Marie-Antoinette.*

A la Bibliothèque de Versailles.

* * *

41.

Marie-Antoinette, dauphine. — Peinture par Fr. H. DROUAIS. Ce portrait est vraisemblablement celui qui fut livré par Drouais à Madame du Barry et est mentionné dans l'inventaire de ses meubles en 1774. (Voy. Vuaflart et Bourin, *ouvr. cit.,* II, p. 80 ; reprod. : *Ibid,* n° 13). (*Voy. Pl. III*).

Au comte Allard du Chollet.

42.

Marie-Antoinette, dauphine (1774). — Etude peinte par Joseph-Siffred DUPLESSIS (reprod. dans : Nolhac, *le Trianon de Marie-Antoinette* et dans : Vuaflart et Bourin, *ouvr. cit.,* II, n° 21) (*Voy. planche II*).

A M. Pierre de Nolhac, de l'Académie française.

43.

Marie-Antoinette, dauphine. — Peinture (Ecole française du XVIII° siècle).

A M. le duc de Doudeauville.

44.

Marie-Antoinette, dauphine. — Dessin à la mine de plomb par Benj. DUVIVIER ; étude pour la gravure du poinçon de la médaille commémorative du mariage du Dauphin. Provient de la collection Destailleur.

Au Musée Carnavalet.

45.

Marie-Antoinette, dauphine. — Miniature ornant une broche donnée par le Dauphin au marquis de Tscharner, dont les descendants l'ont léguée au possesseur actuel.

A Mme Benet.

46.

Marie-Antoinette, dauphine. — Buste en biscuit de Sèvres (épreuve moderne), d'après une œuvre disparue, attribuée à BOIZOT.

A la Bibliothèque de Versailles.

47.

Exemple d'humanité donné par Madame la Dauphine le 16 octobre 1773. — Gravure à l'eau-forte de P.-A. MARTINI et Fr. GODEFROY, d'après MOREAU le jeune (*Collection de Vinck*, I., n° 200) : la Dauphine qui suivait la chasse royale, ayant appris qu'un vigneron venait d'être grièvement blessé par un cerf, ne put retenir ses larmes et courut prodiguer à la femme de ce malheureux les plus touchantes consolations.

A M. H. Grosseuvre.

48.

Même sujet. — Contrefaçon inversée de l'eau-forte précédente, signée de BOORSALLER (*Coll. de Vinck*, I., n° 201).

A M. Henri Grosseuvre.

49.

Même sujet. — Gravure à l'eau-forte et au burin de A.-J. DUCLOS d'après MOREAU le jeune ; vignette des *Annales de Marie-Thérèse* de l'abbé Fromageot, Paris, 1775.

A la Bibliothèque de Versailles.

50.

Marie-Antoinette, Dauphine, entourée des Grâces et recevant un volume des mains de la Muse de l'Histoire. — Gravure à l'eau-forte par EISEN ; frontispice de la *Bibliothèque de Madame la Dauphine, n° 1, Histoire,* par Jacob-Nicolas Moreau, bibliothécaire de Marie-Antoinette (Paris, 1770) ; exemplaire de Mme Adélaïde.

A la Bibliothèque de Versailles.

* * *

51.

Livre aux armes de la Reine : Chefs-d'œuvre dramatiques, par Marmontel, dédiés à Madame la Dauphine (Paris, 1773). — Exemplaire de dédicace relié en maroquin rouge.

A la Bibliothèque Nationale.

52.

Livre aux armes de la Dauphine : Almanach royal pour 1774
Paris, 1773). — Reliure en maroquin rouge ; large dentelle.

A Mme J. Porgès.

53.

Livre aux armes de la Dauphine : Eloge de Charles-Quint, par
Masenius, trad. par dom A.-J. Ansart, dédié à Madame la
Dauphine (Paris, 1774). — Exemplaire de dédicace relié en
maroquin rouge.

A la Bibliothèque de Versailles.

54.

*Partition aux armes de la Dauphine : Recueil d'airs et de pièces
pour l'amusement de Madame la Dauphine*, par Baillot. —
Partition manuscrite offerte à la Dauphine ; reliure en maroquin rouge, belle dentelle ornée de dauphins et de fleurs de
lis.

Au Conservatoire National de Musique.

55.

*Partition aux armes de la Dauphine : Six concerts pour clavecin
avec accompagnement de violon*, par M. S. Simon, maître de
clavecin des Enfants de France (Paris, s. d.). — Reliure en
maroquin rouge, signée de VENTE, large dentelle ornée de
fleurs de lis et de dauphins.

Au Conservatoire National de Musique.

56.

Partition aux armes de la Dauphine : La Clochette, comédie de
M. Anseaume, mise en musique par M. Duny (Paris, s. d.). —
Reliure en peau verte.

Au Conservatoire National de Musique.

57.

Jetons de jeu de la Dauphine, gravés par LORTHIOR, 1770
(épreuve moderne en argent).

Au comte Allard du Chollet.

LA REINE

58.

L'avènement de Louis XVI et de Marie-Antoinette. — Crayon
rehaussé, par MOREAU le jeune ; allégorie du retour du Parle-
ment et de la disgrâce de Meaupou et de Terray. Cette composition exécutée au mois d'août 1774, témoigne de la popu-
larité des nouveaux souverains encore accrue par le renvoi de
ministres détestés ; M. de Nolhac a finement montré par suite
de quels changements dans l'opinion de la cour la gravure en
vue de quoi ce dessin fut fait, n'a pas paru (*Gazette des
Beaux-Arts*, 3ᵉ pér., t. XXX, 467 et suiv.).

A M. Pierre de Nolhac, de l'Académie française.

59.

Même sujet. — Allégorie sous le titre : *les Garants de la Féli-
cité publique.* Gravure à l'eau-forte et au burin par NÉE et
MASQUELIER, d'après J.-Ph.-J. de SAINT-QUENTIN (*Collection de Vinck*, I., n° 124 *bis*).

A la Bibliothèque de Versailles.

60.

Même sujet. — Allégorie sous le titre : *les Vœux du Peuple
confirmés par la Religion.* Gravure à l'eau-forte et au burin
par NÉE et MASQUELIER, d'après Ch. MONNET (*ouvr. cité*,
I., n° 125).

A la Bibliothèque de Versailles.

61.

Même sujet. — Allégorie sous le titre : *Avènement de Louis
Auguste XVI et de Marie-Antoinette...* Gravure à l'eau-
forte et au burin, par J.-B. PATAS (*ouvr. cité*, I, n° 129).

A M. Henri Grosseuvre.

62.

Almanach pour 30 ans dédié à la Reine, par LEQUIN. — Gravure à l'eau-forte et au burin avec vides ménagés à l'endroit des calendriers mobiles (*Collection de Vinck*, I., n° 214).

A M. Henri Grosseuvre.

63.

Grand sceau de *Marie-Antoinette*. — Gravé par LORTHIOR (1774) ; épreuve ancienne sur étain. Don de M. Pierre de Nolhac, de l'Académie française.

A la Bibliothèque de Versailles.

64.

Petit sceau de *Marie-Antoinette*. — Gravé par LORTHIOR (1774) ; épreuve ancienne sur étain.

A M. Raymond Richebé.

65.

Serment de Louis XVI à son sacre, le 11 juin 1775 (la Reine figure dans la tribune, à gauche). — Gravure à l'eau-forte et au burin par MOREAU le jeune, d'après sa propre composition (*ouvr. cité*, I., n° 136).

A M. Henri Grosseuvre.

66.

Allégorie du sacre de Louis XVI, sous le titre : *l'Autel royal*. — Groupe en biscuit de Sèvres, par BOIZOT (épreuve moderne).

A la Manufacture Nationale de Sèvres.

* * *

67.

Marie-Antoinette, reine de France. — Pastel par Mme VIGÉE-LE BRUN.

Au comte de Fels.

68.

Marie-Antoinette, reine. — Peinture par Mme VIGÉE-LE BRUN ; portrait fait de mémoire à St-Pétersbourg en 1796 (voy. les *Souvenirs* de Mme Vigée-Le Brun, chap. 19), donné par l'artiste à Mme la duchesse d'Angoulême ; au dos de la toile, on lit la mention manuscrite : *Du Trianon, Cabinet de Mme la Dauphine*.

A la comtesse Niel.

69.

Marie-Antoinette, reine. — Peinture par Mme VIGÉE LE BRUN ;
don de la Famille Royale à la baronne François Hüe,
bisaïeule du possesseur actuel.

Au baron André de Maricourt.

70.

Marie-Antoinette en costume de chasse. — Peinture par Ad. U.
WERTMULLER, peintre du roi de Suède. Donnée par la Reine
à Madame Auguié, sa première femme de chambre, sœur de
Madame Campan, et aïeule de M. Gaëtan Partiot ; ce ta-
bleau fut repeint sous la Révolution pour échapper aux pour-
suites, et les traces de ce camouflage ne sont pas entièrement
effacées.

A Mme Gaëtan Partiot.

71.

Marie-Antoinette et Louis XVI à la chasse à courre. — Peinture par L.-Aug. BRUN (reprod. dans : FOURNIER-SARLO-
VÈZE, *L.-A. Brun*, frontispice).

A la comtesse Guy de La Rochefoucauld.

72.

Marie-Antoinette à cheval, suivie d'un écuyer nègre. — Peinture par L.-A. BRUN (reprod. dans le même ouvrage, p. 54) ;
don de M. Armand Brun au musée de Versailles, par l'inter-
médiaire des Amis de Versailles (1912).

Au Musée de Versailles.

73.

Marie-Antoinette à la chasse. — Crayon par L.-A. BRUN
(reprod. dans le même ouvrage, p. 25).

A Mme la duchesse de Luynes.

74.

Marie-Antoinette à la promenade (1784). — Gouache de François DUMONT (reprod. dans : *la Gazette de la Reine pour
l'année 1782* (éd. Pierre de Nolhac).

A Mme Claude Saint-André.

75.

Marie-Antoinette couronnée de feuillages. — Miniature (Ecole
anglaise du XVIIIᵉ siècle).

A M. le duc de Doudeauville.

76.

Marie-Antoinette, reine. — Miniature (Ecole française du XVIIIe
siècle) ornant une boîte d'écaille donnée par la Reine au duc
de Gramont.

A M. le duc de Gramont.

77.

Louis XVI et Marie-Antoinette. — Deux miniatures octogo-
nales (Ecole française du XVIIIe siècle), dans un écrin.

A Mme J. Porgès.

78.

Marie-Antoinette, en pied, vêtue du costume de cour. — Gravure à l'eau-forte et au burin, coloriée, par DUPIN, d'après
Thomas LE CLERC ; fait partie du « *36e Cahier des costumes
français* », publié par Esnauts et Rapilly (*Coll. de Vinck*, I,
n° 347).

A M. Henri Grosseuvre.

79

Louis XVI, en pied, vêtu du costume royal. — Pendant du
précédent (*même ouvrage*, I., n° 349).

A M. Henri Grosseuvre.

80.

Marie-Antoinette, représentée comme ci-dessus. — Gravure à
l'eau-forte et au burin, coloriée, de DEROY, d'après DESRAIN.

A M. Henri Grosseuvre.

81.

Marie-Antoinette. — Gravure à l'eau-forte par PHELIPART
(1787), d'après un dessin fait de fioritures et de traits de
plume à main levée par le calligraphe BAUDRAN (*Collection
de Vinck*, I., n° 388).

Au vicomte de Fontenay, ambassadeur de France.

82.

Louis XVI. — Gravure à l'eau-forte par AUBIN (1788), d'après
le calligraphe BARIOLLE ; pendant du précédent.

Au vicomte de Fontenay, ambassadeur de France.

83.

Louis XVI... et Marie-Antoinette... — Estampe populaire sur
bois, coloriée.

Au Musée Carnavalet.

— 23 —

84.

« *La Reine annonçant à Mme de Bellegarde des Juges et la liberté de son mari en mai 1777...* » — Gravure à l'eau-forte et au burin par Ant.-J. DUCLOS, d'après DESFOSSÉS (*Collection de Vinck*, I., n° 206) ; épreuve avant la lettre. La protection de la Reine sauva Antoine Dubois de Bellegarde, condamné pour avoir vendu de vieux fusils des arsenaux aux Insurgents d'Amérique.

A Mme Cailliard.

85.

Marie-Antoinette « *en bergère* » .— Stipple en couleurs par L.-Ch. RUOTTE, d'après Césarine FRANCK (*Collection de Vinck*, I., n° 412).

A la Bibliothèque de Versailles.

86.

Marie-Antoinette, en pied, protégée par la Vertu sous les traits de Minerve, contre les menaces du Vice, sous ceux de Gorgone ; en exergue : « *La Vertu la soutient, le Vice la calomnie* ». Stipple anonyme tiré en bistre sur fond bleu ; second état du n° 574 de la *Collection de Vinck*.

A la Bibliothèque de Versailles.

87.

Marie-Antoinette, de profil à gauche (1775). — Gravure de GAUCHER, d'après MOREAU le Jeune ; en tête de la dédicace des *Annales du règne de Marie-Thérèse*, par Fromageot (exemplaire sur grand papier, aux armes de la Comtesse de Provence) (*Collection de Vinck*, I, n° 221).

A la Bibliothèque de Versailles.

88.

« *Melpomène, dans le Temple des Grâces, présente à Marie-Antoinette, reine de France, les œuvres de Métastase* » (1783). — Gravure de J. J. LE VEAU, d'après MOREAU le Jeune ; au t. XI des *Opere...* de l'abbé Métastase (ancien maître d'italien de la Reine), Paris, 1780-1782 (exemplaire sur grand papier, aux armes de Mme Victoire) (*Collection de Vinck*, I, n° 315).

A la Bibliothèque de Versailles.

89.

Marie-Antoinette, en buste. — Biscuit de Sèvres, par WENG-MULLER (épreuve moderne).

A la Manufacture Nationale de Sèvres.

90.

Minerve sous les traits de Marie-Antoinette. — Biscuit de Sèvres, par J. Fr. J. LE RICHE, 1778 (épreuve moderne).

A la Manufacture Nationale de Sèvres.

91.

Marie-Antoinette, de profil. — Médaillon en biscuit de Sèvres,
sur fond bleu, par BRACHARD (époque de la Restauration).

A la Bibliothèque de Versailles.

92.

Marie-Antoinette, de profil à gauche ; en exergue : « MAR.
ANTON. AUSTR. FRANCIÆ ET NAVARR. REGINA ». — Médaille
de DUVIVIER, 1781 (épreuve ancienne sur étain).

A la Bibliothèque de Versailles.

93.

Même effigie, réduite. — Médaille de bronze de DUVIVIER
(épreuve moderne).

A M. J. Quentin.

94.

Boîte en écaille blonde, ornée d'incrustations de cuivre, représentant *Louis XVI et Marie-Antoinette,* de profil.

A la Bibliothèque de Versailles.

95.

Boîte en corne noire et écaille ornée d'un portrait du roi
Louis XVI, fait avec des cheveux de la reine *Marie-Antoinette* (attestation ancienne).

A M. Maurice Darlu.

96.

Collier d'or orné de médaillons contenant des *cheveux de
Louis XVII, Madame Royale et l'Impératrice Marie-Thérèse.* Le collier a été porté par Marie-Antoinette. Il appartint
ensuite à Madame la Duchesse d'Angoulême, qui le légua
au Baron de Sainte-Preuve, aïeul du possesseur actuel.

A la Comtesse de Massol.

97.

Bracelet d'or orné de médaillons contenant des *cheveux de
Louis XVI, Louis XVII, Madame Royale, l'Impératrice
Marie-Thérèse,* et du chiffre M. A. (même origine que ci-
dessus).

A la Comtesse de Massol.

98.

*« Madame la Comtesse d'Ossun, garde-robe des atours de la
Reine : Gazette pour l'année 1782. »* — Registre couvert
de parchemin vert, contenant les échantillons des robes de la
Reine. Mme CAMPAN dit à ce propos dans ses *Mémoires :*

« Le valet de la garde-robe de service présentait, tous les matins, à la
première femme de chambre un livre, sur lequel étaient attachés les
échantillons des robes, grands habits, robes déshabillées, etc. Une petite
portion de la garniture indiquait de quel genre elle était. La première
femme de chambre présentait ce livre au réveil de la Reine, avec une
pelote ; Sa Majesté plaçait des épingles sur tout ce qu'elle désirait pour la
journée. On reportait le livre à la garde-robe, et bientôt on voyait arri-
ver, dans de grands taffetas, tout ce qui était nécessaire pour la journée. »

Ce précieux document, conservé aux Archives nationales
dans l' « Armoire de Fer », n'est plus communiqué au public ;
un fac-similé en couleurs en a été donné en 1925 par M. Pierre
de Nolhac et tiré à très petit nombre.

Aux Archives nationales.

99.

Fragment de ruban ayant appartenu à *Marie-Antoinette* (accom-
pagné d'une lettre du chevalier de *Dreynes*).

Au comte Allard du Chollet.

100.

Bouton de pierrerie, provenant d'un vêtement de *Marie-Antoinette*.
Don de S. A. I. l'Archiduchesse Isabelle d'Autriche au possesseur actuel (avec attestation d'authenticité).

A la comtesse Henri de Mortemart.

101.

Lettre autographe de *Rose Bertin*, marchande de modes de Marie-
Antoinette à « Mademoiselle la Chevalière d'Eon ».

Au comte Allard du Chollet.

102.

Pièce signée de François *Léonard*, coiffeur de *Marie-Antoinette*.

Au comte Allard du Chollet.

103.

Etui flaconnier de cuir, aux armes de *Marie-Antoinette*, contenant deux flacons et un petit entonnoir. Provient de M. le Secq
des Tournelles, ancêtre du possesseur actuel.

A Mme Rigaudias.

LES DÉLASSEMENTS DE LA REINE

104.

Boutons peints par Marie-Antoinette et représentant des vues de Versailles et de Paris. Donnés par la Reine à M. le Duc de Liancourt, grand-maître de la Garde-Robe de Louis XVI.

A la Comtesse Guy de la Rochefoucauld.

105.

Dessin exécuté par Marie-Antoinette en septembre 1777 et représentant les abords d'une ferme. Provient du Cabinet de Silvestre, maître à dessiner des Enfants de France, ancêtre du possesseur actuel.

A M. Johnston.

106.

Fauteuil dont la *tapisserie* fut faite par *Marie-Antoinette*. A été restitué à Madame Royale quand elle retourna en Autriche ; provient du Château de Frohsdorf.

A S. A. R. Don Jaime de Bourbon.

107.

Ecran en tapisserie au petit point fait par la reine *Marie-Antoinette*. N'a jamais quitté les collections de la Famille Royale.

A S. A. R. Don Jaime de Bourbon.

108.

Sac de soie blanche brodé en couleurs par Marie-Antoinette, aux initiales Créquy-Daumeray. Donné par la Reine à la Comtesse de Daumeray, née Soucy, aïeule du possesseur actuel.

Au Vicomte Jean de Blois.

* * *

109.

Brevet de libraire-géographe pour le Sieur *Blaizot* (30 septembre 1777) ; signé : *Marie-Antoinette* et contresigné : *Augeard.* Don de M. Léon Bernard.

A la Bibliothèque de Versailles.

110.

Livre aux armes de la Reine : Les rendez-vous du parc de Versailles, par Huerne de la Motte (Bruxelles, 1762). Relié en veau granité. Au dos, la marque du Château de Trianon : C. T.

A la Bibliothèque de Versailles.

111.

Livre aux armes de la Reine : Traité de l'inoculation de la petite vérole, par Antoine Storck (Vienne, chez J. Th. de Trattnern, imprimeur et libraire de la Cour, 1771). Relié en maroquin rouge.

A la Bibliothèque Nationale.

112.

Livre aux armes de la Reine : Essai·physico-géométrique..., par M. Le Rohberg-Herr de Vaussenville (Paris, 1778). Relié en maroquin rouge ; dentelle à l'oiseau ; étiquette de « la Relierie de la Manufacture Royale de Papiers rayés ».

A la Bibliothèque Nationale.

113.

Livre aux armes de la Reine : Lettres de Stéphanie, roman historique, par Mme Fanny de Beauharnais (Paris, 1778). Relié en veau granité, au dos, la marque du Château de Trianon.

A la Bibliothèque de Versailles.

114.

Livre aux armes de la Reine : Pygmalion, par « Rousseau, de Genève » (Paris, s. d.). Même reliure que ci-dessus.

A la Bibliothèque de Versailles.

115.

Livre aux armes de la Reine : Laurette, comédie..., par M. d'Oisemont (Paris, 1780). Même reliure que ci-dessus.

A la Bibliothèque de Versailles.

116.

Livre aux armes de·la Reine : Tragédie, di Vittorio Alfieri (Sienne, 1783). Relié en maroquin rouge.

A la Bibliothèque de Versailles.

117.

Livre aux armes de la Reine : Almanach de Versailles pour 1781 (Versailles, 1780). Relié en maroquin rouge.

A M. Henri Grosseuvre.

118.

Livre aux armes de la Reine : Almanach de Versailles pour 1786 (Versailles, 1785). Relié en maroquin rouge.

A M. Henri Grosseuvre.

119.

Livre aux armes de la Reine : Idylles et autres poésies, de Théocrite, traduites par M. Gail (Paris, 1792). Relié en maroquin rouge.

A la Bibliothèque Nationale.

120.

Livre ayant appartenu à Marie-Josèphe de Saxe et à Marie-Antoinette : *Traité de l'Oraison...,* par le R. P. Louis DE GRENADE (Paris, 1668-1685). — Note manuscrite : « Ces livres ont appartenu à ma belle-mère. *Marie-Antoinette* ». — Cet ouvrage devint la propriété de S. M. l'Impératrice Eugénie, qui en fit don à M. le Duc de Doudeauville.

A M. le Duc de Doudeauville.

121.

Partition aux armes de la Reine :Zémire et Azor, comédie-ballet..., par M. Marmontel, musique de M. Grétry (Paris, 1771). Reliée en maroquin rouge.

A la Bibliothèque Nationale.

122.

Partition aux armes de la Reine : « *Le Roy et le Fermier* », comédie..., par M. Monsigny (Paris, s. d.). Relié en peau verte.

Au Conservatoire National de Musique.

123.

Partition aux armes de la Reine : « *Dardanus* », tragédie lyrique..., représentée pour la première fois devant leurs Majestés à Trianon, le 18 septembre 1784..., mise en musique par M. Sacchini (Paris, s. d.). Relié en maroquin rouge.

A M. Henri Grosseuvre.

124.

Partition aux armes de la Reine : « *IVe Recueil d'Airs choisis avec accompagnement de harpe* », dédiés à la Reine, par

Boilly (Paris, s. d.). Relié en maroquin rouge, belle dentelle.

Au Conservatoire National de Musique.

125.

Partition aux armes de la Reine : « *Recueil de différents Airs avec accompagnement de harpe* », dédiés à la Reine, par M. Hinner, maître de harpe de la Reine (Versailles, s. d.). Relié en veau marbré, fleurs de lis aux angles.

Au Conservatoire National de Musique.

126.

Partition aux armes de la Reine : Nouveaux Airs à une et plusieurs voix, composés par M. Delagarde, maître de musique en survivance des Enfants de France (Paris, s. d.). Relié en maroquin rouge, format oblong.

Au Conservatoire National de Musique.

127.

Manuscrit autographe de la première version du monologue de Figaro. — Mme CAMPAN raconte dans ses *Mémoires* qu'elle fut secrètement appelée, comme lectrice de la Reine, à lire devant Louis XVI et Marie-Antoinette seuls, le manuscrit du *Mariage de Figaro,* dont le Roi voulait juger par lui-même si la représentation devait en être autorisée :

« Au monologue de Figaro », rapporte Mme Campan, le Roi se leva avec vivacité et dit : « C'est détestable, cela ne sera jamais joué ; il faudrait détruire la Bastille pour que la représentation de cette pièce ne fût pas une inconséquence dangereuse... » — On ne la jouera donc point ?, dit la Reine... — Non, certainement, répondit Louis XVI, vous pouvez en être sûre. »

Il faut, pour bien comprendre cet incident, lire attentivement le manuscrit original de Beaumarchais, antérieur aux remaniements exigés par la censure et tel qu'il fut lu par Mme Campan. Beaumarchais ne s'y attaque pas à une Espagne de convention, mais au système de la Monarchie française et la Bastille y est nommée en toutes lettres. Donné par M. le Colonel Caron de Beaumarchais à M. Eug. Lintilhac qui en fit don au possesseur actuel.

A M. Gaston Menier, sénateur.

* * *

128.

Fiche de jeu de la *Reine*. — (Epreuve moderne en argent). .

> Au comte Allard du Chollet.

129.

Jetons de jeu de la *Reine*, gravés par N. GATTEAUX, 1774. (Epreuve moderne en argent).

> Au comte Allard du Chollet.

* * *

130.

« *Description de la Machine aérostatique enlevée en présence de la Famille Royale et du Comte d'Aga* ». — Gravure au burin coloriée (Paris, chez les Campions frères). Le 23 juin 1784, Pilâtre de Rozier s'éleva de la Cour du Château de Versailles, en présence de la Famille Royale et du Comte de Haga (le roi Gustave III de Suède, voyageant incognito), dans une montgolfière qui avait reçu le nom de *Marie-Antoinette*.

> A la Bibliothèque de Versailles.

131.

Départ de la Montgolfière Marie Antoinette, le 23 juin 1784. — Vue d'optique coloriée (à Paris, chez Chereau) .

> A la Bibliothèque de Versailles.

132.

Boîte d'écaille, ornée d'une représentation en relief du *Départ de la Montgolfière Marie-Antoinette* ; sur le couvercle un cercle d'or porte cette inscription : « *la Marie Antoinette .— Pilâtre de Rosier au Cte de Haga* ».

> A M. Paul Tissandier.

* * *

133.

La Famille royale se promenant à Trianon. — Grande gouache de Van Blarenberghe ; au premier plan, Marie-Antoinette, Madame Royale et le Dauphin ; à droite, Madame Elisabeth ; au fond, le salon de musique, le belvédère et le rocher. Donné par le comte de Chambord au duc de Blacas.

> A M. le duc de Blacas.

134.

Fête de nuit au *Petit Trianon*, le 3 août 1781, à l'occasion de

— 31 —

la visite de l'Empereur Joseph II, frère de Marie-Antoinette. — Peinture de Cl.-L. CHATELET. Don de M. Jacques Doucet.

Au Musée Carnavalet.

135.

Le Petit Trianon et le jeu de bagues chinois. — Dessin aquarellé de CHATELET ; esquisse du dessin fait pour le Duc de Modène (Voy. : Nolhac, *le Petit Trianon*, p. 84) ; le jeu de bagues chinois, installé pour la Reine en 1775, n'a subsisté que quelques mois.

A la Comtesse Niel.

136.

Le jardin français du Petit Trianon. — Gravure à l'eau-forte et au burin de NÉE, d'après le chevalier DE LESPINASSE ; épreuve en premier état.

A M. Henri Grosseuvre.

137.

Autographe de *Claude Mique*, architecte du Hameau de *Trianon* (1787).

Au comte Allard du Chollet.

138.

Fragments de soieries anciennes, bleu sur blanc, représentant le Hameau de *Trianon*.

A M. Etienne Masson.

139.

« *Vue du Temple de l'Amour* ». — Aquatinte de GUYOT, avant la lettre.

A M. Henri Grosseuvre.

140.

« *Vue du Belvéder et de l'Entrée du Boccage* ». — Pendant du précédent.

A M. Henri Grosseuvre.

141.

Sécateur doré attribué à *Marie-Antoinette*. — Provient de la Collection de Tinan.

A Mme Lepel-Cointet.

142.

Jetons d'entrée aux jardins de Versailles, gravés par DUVIVIER, et marqués : « Maison de la Reine, 1785 » ; épreuves anciennes de cuivre jaune.

A M. Raymond Richebé.

PL. IV. — RELIURE AUX ARMES DE MARIE-ANTOINETTE,
DAUPHINE.

(Au Conservatoire National de Musique).

PL. V. — PORTRAIT DE Mme DE LAMBALLE, par DUPLESSIS.

(Au Musée de Metz).

Fusil de chasse ayant appartenu à *Marie-Antoinette*. Provient de
la Comtesse de Chaumont-Quitry, née Adèle de Bourbon-
Condé.

Au Comte de Chaumont-Quitry.

LES ENFANTS DE FRANCE

144.

*Prière publique ordonnée à l'occasion de la grossesse de la
Reine,* par Michel Goudchaux, Mayer Isaac, Berr l'aîné, et
Mayer Max, sindics de la Communauté des Juifs établis en
Lorraine (Nancy, 1778).

A la Bibliothèque de Versailles.

145.

L'heureux accouchement de la Reine de Madame Première, née
le 19 décembre 1778. — Gravure populaire à l'eau-forte
(Paris, chez Basset).

A M. Henri Grosseuvre.

146.

Même sujet. — Gravure populaire à l'eau-forte (Paris, chez
Basset).

A M. Henri Grosseuvre.

147.

Même sujet. — Gravure populaire à l'eau-forte (Paris, chez
La Chaussée).

A M. Henri Grosseuvre.

148.

*L'accouchement de la Reine ou les étrennes données à la France
par Marie-Antoinette d'Autriche.* — Gravure populaire à
l'eau-forte, coloriée (Paris, chez Naudet).

A M. Henri Grosseuvre.

149.

Entrée de leurs Majestés dans Paris le Lundy 8 février 1779.
— Gravure populaire à l'eau-forte, coloriée (Paris, chez La
Chaussée).

A M. Henri Grosseuvre.

150.

*La Célébration du Mariage des 100 Filles Ordonné par le Roi
en réjouissance de l'heureux accouchement de la Reine.* —
Gravure populaire à l'eau-forte, coloriée (Paris, chez Le
Mercier).

A M. Henri Grosseuvre.

151.

« *Acte de bienfaisance de la Reine : mariages célébrés en février
1779* ». — Médaille de Duvivier, à l'effigie de Marie-
Antoinette (tirage moderne).

A la Bibliothèque de Versailles.

152.

Madame Royale. — Miniature donnée par Marie-Antoinette à
Pauline de Tourzel, Comtesse de Béarn.

A M. le prince de Béarn et Chalais.

153.

*Madame, Fille unique du Roi, sur les genoux de sa Gouver-
nante.* — Gravure à l'eau-forte, coloriée de Dupin, d'après
Le Clerc (*Collection de Vinck,* III, n° 6.066).

A M. Henri Grosseuvre.

154.

Madame Royale ou « *l'Enfant aux coussins* » (1779). — Biscuit
de Sèvres ; figure par Boizot ou Clodion (épreuve moderne).

A la Manufacture Nationale de Sèvres.

155.

Bracelet d'or, orné d'un médaillon contenant des *cheveux de
Madame Royale.* Donné par elle à Mme la Marquise de
Soucy, aïeule du possesseur actuel.

Au vicomte Jean de Blois.

156.

Livre aux armes de Madame Royale : Histoire des Druses, par
M. Puget de Saint-Pierre (Paris, 1762). Relié en maroquin vert-olive foncé ; dentelles.

A la Bibliothèque de Versailles.

157.

Livre aux armes de Madame Royale : Zoroastre, opéra (Paris,
1770). Relié en maroquin rouge.

A la Bibliothèque de Versailles.

* * *

158.

*L'heureux accouchement de la Reine et la naissance de Monsei-
gneur le Dauphin* (le 22 octobre 1781). — Gravure populaire
à l'eau forte (Paris, chez La Chaussée).

A M. Henri Grosseuvre.

159.

Même sujet. — Gravure populaire à l'eau forte, coloriée (Paris,
chez Basset).

A M. Henri Grosseuvre.

160.

Même sujet : « *La Bonne nouvelle, chanson allégorique sur l'accouchement de la Reine* ». — Gravure populaire à l'eau-
forte, anonyme.

A M. Henri Grosseuvre.

161.

Même sujet : « *Les Vœux accomplis par l'heureux accouchement
de la Reine et la naissance de Monseigneur le Dauphin, le
Désiré de la Nation* ». — Gravure populaire à l'eau-forte
(Paris, chez Basset).

A M. Henri Grosseuvre.

162.

« *Les Vœux couronnés par le gage précieux de l'heureuse alliance entre la France et l'Autriche, Monseigneur le Dauphin,
né le 22 octobre 1781* ». — Grande gravure populaire à
l'eau-forte, coloriée (Paris, chez Basset).

A M. Henri Grosseuvre.

163.

« *La France reçoit des mains de l'Autriche un Dauphin, fruit
précieux de leur Alliance* ». — Gravure à l'eau-forte et au
burin, par Marie-Louise-Adélaïde BOIZOT, d'après Louis-
Simon BOIZOT (*Collection de Vinck*, I, n° 745).

A M. Henri Grosseuvre.

164.

*Songe ou horoscope sur l'accouchement futur de Marie-Antoi-
nette... reine de France,* par le sieur DE GAIGNE (Paris, 1781).
Rel. en maroquin vert-olive ; sur le plat supérieur, on lit :
« *Songe ou horoscope perpétuel sur la naissance de Monseigneur le Dauphin* ».

A la Bibliothèque de Versailles.

165.

Allégorie de la naissance du premier Dauphin. — Gravure à

l'eau-forte, par S. PELICIER, d'après LE BARBIER (premier état).

A M. Henri Grosseuvre.

166.

Planches pour l'*Almanach Dauphin*, année 1782, *Etrennes à Monseigneur le Dauphin* (Paris, 1781). — Gravures à l'eau-forte et au burin, anonymes ; « l'Arrivée du courrier » ; « l'inauguration du Dauphin » ; « l'Heureuse époque », etc...

A M. Henri Grosseuvre.

167.

Almanach Dauphin, année 1782..... — Les mêmes planches, coloriées.

A Mme J. Porgès.

168.

Allégories célébrant la *naissance du Dauphin* et les réjouissances données en octobre 1781, à l'occasion de cet heureux événement. — Cinq écrans gravés en taille douce.

A Mme J. Porgès.

169.

La « *naissance de Monseigneur le Dauphin* ». — Gravure à l'eau-forte et au burin, anonyme ; reproduction des deux faces d'une médaille de DUVIVIER, citée ci-dessous, au milieu de motifs symboliques ou décoratifs.

A M. Henri Grosseuvre.

170.

La *naissance du Dauphin*. — Groupe par PAJOU, en biscuit de Sèvres (épreuve moderne).

A la Manufacture Nationale de Sèvres.

171.

Allégorie de la *naissance du Dauphin*. — Médaille de DUVI-VIER ; le *Dauphin* ; en exergue : « *Felicitas publica* » et au-dessous : « *Natales Delphini...* » Exemplaire en argent.

A la Bibliothèque de Versailles.

172.

Même sujet et même légende en exergue. — Médaille d'argent de GATTEAUX.

A M. Raymond Richebé.

173.

Allégorie de la *naissance du Dauphin*. — Médaille de LERNER :

— 37 —

la France entourée de Minerve, d'Hercule et d'Esculape, leur
confie l'enfant ; en exergue : « *Vota Galliæ* » et au-dessous :
« *Natales Delphini...* ». Epreuve ancienne sur étain.

A la Bibliothèque de Versailles.

174.

« Bonheur des Strasbourgeois à la *naissance du Dauphin* ». —
Légende : « Argentoratum Felix votis ». — Médaille d'argent, anonyme.

A M. Raymond Richebé.

175.

Vers sur la naissance de Monseigneur le Dauphin, adressés à la
Reine ; poème latin et traduction en vers français, par Nicolas
RICHARD (Paris, 1782).

A M. Henri Grosseuvre.

176.

Coffret offert par la *Ville de Paris* à Marie-Antoinette, à l'occasion de la *naissance du Dauphin ;* recouvert de taffetas blanc,
sur lequel sont peints des allégories, des sujets mythologiques,
des bergeries, des scènes populaires ; sur le couvercle : le
nouveau-né, présenté à la France, est entouré de divinités. Don
de Napoléon III à l'ancien Musée des Souverains.

Au Musée de Versailles.

177.

Morceau de taffetas peint provenant d'un autre coffret offert à la
Reine par la *Ville de Paris* en 1781 et figurant les médaillons
du Roi et de la Reine.

A M. Henri Lavedan, de l'Académie française.

178.

Livre offert par la *Ville de Paris* à la Reine à l'occasion de la
*naissance du Dauphin : Fêtes publiques données par la Ville
de Paris à l'occasion du mariage de Monseigneur le Dauphin
le 13 février 1747*. Relié en maroquin rouge aux armes de la
Reine Marie-Antoinette et de la Ville de Paris ; large dentelle ; dans les coins, sujets représentant la naissance du Dauphin sur peau verte.

A la Bibliothèque Nationale.

179.

*Description des fêtes préparées par la Ville, à l'occasion de la
naissance de Monseigneur le Dauphin pour les 21 et 23 janvier 1782* (Paris, 1782) ; planche hors-texte, coloriée : *Vue et*

*Décoration de la Façade du Feu d'Artifice élevé en place de
Grève...* (Paris, chez Basset).

A M. Henri Grosseuvre.

180.

« *Le Festin royal. Fêtes données au Roi et à la Reine par la
Ville de Paris, le 21 janvier 1782 à l'occasion de la naissance
de Monseigneur le Dauphin* ». — Gravure à l'eau-forte et au
burin par MOREAU le Jeune, d'après P.-L. MOREAU-DES-
PRÉAUX (*Collection de Vinck*, I, n° 747).

A la Bibliothèque de Versailles.

181.

« *Le Bal masqué...* », pendant du précédent (*Collection de
Vinck*, I, 756) ; épreuve moderne.

A la Bibliothèque de Versailles.

182.

« *Arrivée de la Reine à l'Hôtel de Ville...* » — Gravure à
l'eau-forte et au burin, des mêmes artistes, appartenant à la
même série. (*Collection de Vinck*, I, n° 748) ; épreuve moderne.

A la Bibliothèque de Versailles.

183.

« *Le Feu d'Artifice...* », pendant du précédent.

A la Bibliothèque de Versailles.

184.

Même sujet. — Gravure à l'eau-forte et au burin, par VOISARD,
d'après DESRAIS.

A M. Henri Grosseuvre.

185.

Fêtes données à Paris à l'occasion de la *naissance du Dauphin.*
— Médaille d'argent de DUVIVIER ; en exergue : « Rege et
regina urbem invisentibus ».

A M. Raymond Richebé.

186.

« Mariage de douze filles de Perpignan, à l'occasion de la *naissance du Dauphin...* — Médaille de bronze de DUVIVIER ;
sur l'avers, effigie de Marie-Antoinette ; au revers, la Reine,
appuyée sur un écusson aux armes d'Autriche, tend la main à
de jeunes couples ; en exergue : la Bienfaisance ordonne leur
union.

A la Bibliothèque de Versailles.

— 39 —

187.

Le premier Dauphin. — Miniature (Ecole française du XVIIIe siècle).

Au Comte Allard du Chollet.

188.

Portrait du premier *Dauphin.* — Gravure au physionotrace de Quenedey.

Au comte Allard du Chollet.

189.

Mariage de douze filles dotées par les Etats de Bourgogne à la *naissance du Dauphin.* — Médaille de bronze, de Duvivier.

A M. Raymond Richebé.

190.

Livre aux armes du premier *Dauphin : Almanach Dauphin, contenant l'Anniversaire de Monseigneur le Dauphin, cantatille...,* par M. Poullin de Fleins (Paris, 1784). Relié en veau brun.

A M. Henri Grosseuvre.

* * *

191.

Acte de Baptême de *Louis-Charles de France, duc de Normandie (Louis XVII),* le 27 mars 1785. Signatures de : Louis XVI, le Comte et la Comtesse de Provence, le Comte et la Comtesse d'Artois, Mme Elisabeth, Mme Adélaïde, Mme Victoire, le Duc d'Orléans, le Cardinal de Rohan, grand Aumônier de France, Brocqueville, Curé de Notre-Dame de Versailles. (Registre des Baptêmes de la paroisse, pour l'année 1785).

A la Mairie de Versailles.

192.

L'Heureux Accouchement de la Reine de Mgr le Duc de Normandie... — Feuille d'Almanach pour l'année 1786 ; gravure populaire à l'eau-forte (Paris, chez Basset).

A M. Henri Grosseuvre.

193.

La naissance du Duc de Normandie, ou « le *Bonheur des Normands* ». — Eventail de papier, décoré d'une gravure populaire au burin, coloriée, représentant la naissance du jeune prince ; au revers : couplets. (Reprod. dans Fr. Laurentie, *Louis XVII,* I, n°s 5-6).

A M. Henri Lavedan, de l'Académie française.

194.

« *Accouchement de la Reine au mois de Marce 1785* ». —
Eventail de papier décoré d'une gravure populaire au burin,
coloriée.

A M. Henri Grosseuvre.

195.

« *Vive le Roi et la Reine et Mgr le Duc de Normandie* ». —
Eventail de papier, décoré d'une gravure populaire à l'eau-
forte, coloriée, représentant une allégorie de la naissance du
Dauphin.

A M. Henri Grosseuvre.

196.

« *Le premier mouvement des cœurs normands pour la naissance
du Duc de Normandie* ». — Eventail de papier décoré comme
ci-dessus ; au dos : une cantate (Reprod. dans Fr. Laurentie :
ouvr. cit. I, n° 7).

A M. Henri Lavedan, de l'Académie française.

197.

Allégorie de la *naissance du Duc de Normandie*. — Groupe par
BOIZOT ; modèle en plâtre.

A la Manufacture Nationale de Sèvres
(Collection des modèles).

198.

Même sujet. — Médaille d'argent de DUVIVIER ; en exergue :
« Natales Ludovici Caroli ».

A M. Raymond Richebé.

199.

Le duc de Normandie, à trois ans et demi. — Pastel de Mme
MAILLARD. — Provient des collections de la Famille Royale.

A S. A. R. le prince Sixte de Bourbon.

200.

Le *Duc de Normandie*. — Pastel (Ecole française du XVIIIe
siècle).

A M. le duc de Doudeauville.

201.

Petite épée du *duc de Normandie* (le second *Dauphin*) ; poignée
et pommeau d'agate ; garde et branche d'argent garnies de
brillants et d'émeraudes ; fourreau de galuchat noir, avec garniture semblable à celle de la monture (*Voy. planche X*).

Au Musée de l'Armée.

202.

Reliure aux armes du *Duc de Normandie* ; maroquin brun ; enca-
drement à la roulette.

> A la Bibliothèque de Versailles.

* * *

203.

Marie-Antoinette et ses enfants. — Peinture par Mme VIGÉE
LE BRUN. Esquisse du grand portrait du Musée de Versailles.
Donnée par la Reine à Pauline de Tourzel, depuis Comtesse
de Béarn.

> A M. le prince de Béarn et Chalais.

204.

Marie-Antoinette et les Enfants royaux ; son fils sur ses genoux,
sa fille à côté d'elle. — Peinture sur bois (Ecole française du
XVIIIᵉ siècle).

> A la comtesse Théodore de Gontaut-Biron.

205.

La Reine et les Enfants royaux dans leurs jeux. — Eventail
décoré d'une gravure populaire à l'eau-forte coloriée. (Reprod.
dans Fr. Laurentie : *Louis XVII*, I, n° 19.)

> A M. Henri Lavedan, de l'Académie française.

206.

« *Les Anfans du Roi et de la Reine.* — *Les Anfans de Mgr
le Comte d'Artois* ». — Estampe populaire sur bois, coloriée.

> Au Musée Carnavalet.

207.

Les *Enfants royaux* (1784). — Groupe par BOIZOT ; modèle en
plâtre.

> A la Manufacture de Sèvres.

LA SOCIÉTÉ DE LA REINE

208.

Madame Elisabeth de France, en bergère (1782). — Peinture par Madame VIGÉE LE BRUN (reprod. dans : Pierre de Nolhac ; *Le Trianon de Marie-Antoinette*, éd. Manzi, p. 168).

A la comtesse de Bertier de Sauvigny, née des Cars.

209.

Madame Elisabeth (ou *Madame de Tourzel*) (1) et le Dauphin (Louis XVII). — Peinture par H.-P. DANLOUX (reprod. dans : Baron R. Portalis, *Henry-Pierre Danloux*, p. 32, et : Fr. Laurentie, *Louis XVII*, II, n° 10).

A M. Albert Père.

210.

Madame Elisabeth. — Miniature donnée par elle à la marquise des Monstiers-Mérinville.

Au marquis des Monstiers-Mérinville.

211.

Madame Elisabeth. — Miniature donnée par elle en 1788 à la marquise de Soucy, aïeule du possesseur actuel.

Au vicomte Jean de Blois.

---

(1) Le Baron Portalis a le premier émis des doutes sur l'identification traditionnelle avec Madame de Tourzel, identification qu'a pourtant maintenue M. François Laurentie. Il semble que le type se rapproche plus de celui de Madame Elisabeth que de celui de Madame de Tourzel, qui, au surplus, aurait vraisemblablement hésité à se faire représenter avec le Dauphin dans une pose familière.

212.

Madame Elisabeth, de profil. — Médaillon en biscuit de Sèvres,
à fond bleu, genre Wedgwood.

A la Manufacture Nationale de Sèvres (Musée Céramique).

213.

Madame Elisabeth. — Médaille de bronze de Fr. Loos. —
Au revers un faucon terrassant une colombe.

A la Bibliothèque de Versailles.

214.

Lettre de *Mme Elisabeth*, enfant, à sa « chère Bua bua » (sur-
nom d'amitié de Mlle de Mackau, plus tard marquise de
Soucy, aïeule du possesseur actuel).

Au comte Louis de Blois, sénateur.

215.

Lettre de *Mme Elisabeth* à Angélique de Mackau, marquise de
Bombelles.

Au comte Louis de Blois, sénateur.

216.

Lettre de *Mme Elisabeth* à Mme de Brassens, sa dame d'honneur (1782).

Au comte Louis de Blois, sénateur.

217.

Trois lettres adressées par *Madame Elisabeth* à la marquise des
Monstiers-Mérinville en 1790 et 1791 : la marquise des Monstiers, partie pour la Suisse afin de se soigner, resta en émigra-
tion. Ces lettres familières contiennent des conseils d'une
haute élévation morale sur les devoirs d'une jeune femme
et de précieuses indications sur les évènements politiques. Une
d'entre elles a été publiée au t. II de l'ouvrage de M. de
Beauchesne sur *Madame Elisabeth*.

Au marquis des Monstiers-Mérinville.

218.

Aquarelle peinte par Madame Elisabeth, représentant un jeune
paysan dans une cour de ferme et signée : *Elisabeth Marie
Hélène Philippine fecit 1776.* — Provient de la Collection
Charles Vatel.

A la Bibliothèque de Versailles.

219.

Gouache peinte par Madame Elisabeth, représentant l'entrée

d'un port, et signée : *Elisabeth de France fecit 1776.* —
Donnée à un ancêtre du possesseur actuel.

A Mme Rigaudias.

220.

Fauteuil dont la *tapisserie* fut faite par *Madame Elisabeth*. A été
restitué à Madame Royale quand elle partit pour l'Autriche ;
provient du Château de Frohsdorf.

A S. A. R. Don Jaime de Bourbon.

221.

Broderie sur soie exécutée par *Madame Elisabeth* et représentant
Louis XVI ; provient du baron François de Rolle, Colonel
des Gardes Suisses.

A M. Kaufmann, à Bâle.

222.

Buvard ayant appartenu à *Madame Elisabeth* et donné par elle
à la marquise de Bombelles. Venu par héritages successifs au
possesseur actuel.

A la marquise de Maillé de la Tour-Landry, née de Blois.

223.

Livre aux armes de Madame Elisabeth : Œuvres de J. Racine
(Paris, 1784). Relié en maroquin vert.

A la Bibliothèque de Versailles.

224.

*Livre aux armes de Madame Elisabeth : Discours pour la fête
séculaire de la maison royale de Saint-Cyr...* dédié à S.A.R.
Madame Elisabeth de France, sœur du Roi, par M. l'abbé
du Serre-Figon (Paris, 1786). Exemplaire de dédicace, relié
en veau granité ; au dos, l'étiquette du château de Montreuil.

A la Bibliothèque de Versailles.

225.

*Livre aux armes de Madame Elisabeth : Office propre à l'usage
de l'Eglise royale et paroissiale de St-Symphorien de Versailles* (Paris, 1787). Relié en maroquin rouge ; dentelle
dans le style de Derome.

A la Bibliothèque de l'Arsenal.

226.

*Livres aux armes de Mme Elisabeth : Maladies des yeux et des
oreilles,* par l'abbé Desmonceaux (Paris, 1787 ; 2 vol.). —

Reliés en maroquin rouge ; ex-libris gravé de Mme Elisabeth.

A M. J.-B. Chantrell.

227.

Partition aux armes de Madame Elisabeth : Le Portrait d'Ismène,
par Trial (Paris, s. d.). Cartonnage bleu.

Au Conservatoire National de Musique.

228.

Couplets dédiés à Madame Elisabeth de France, juin 1777 ;
4 pages, armes gravées en taille-douce sur le titre.

A la Bibliothèque de Versailles.

* * *

229.

Marie-Josèphe-Louise de Savoie, Comtesse de Provence. —
Peinture de Madame LABILLE-GUIARD, donnée par Madame
à la vicomtesse de Narbonne-Pelet, sa dame d'honneur, aïeule
du possesseur actuel.

Au comte Aymery de La Rochefoucauld.

230.

Madame, Comtesse de Provence. — Miniature de SICARDI ;
provient de la Collection Charles Vatel.

A la Bibliothèque de Versailles.

231.

« *Marie Josèphe Louise de Savoye, Madame* ; vêtue d'une
Robe de Cour... ». — Gravure à l'eau-forte et au burin,
coloriée, par DENY, d'après DESRAIS.

A M. Henri Grosseuvre.

232.

La Famille Royale de France ; « dans un cartouche : le *Mariage
de Mgr. le Comte de Provence,* célébré le 14 mai 1771 ». —
Estampe populaire au burin de Basset.

A M. Henri Grosseuvre.

233.

Livre aux armes de la Comtesse de Provence : exemplaire sur
grand papier du *Choix de chansons* mises en musique par
M. de La Borde... dédiées à Madame la Dauphine (Paris,
1773) ; 4 vol. rel. en deux. Exemplaire sur grand papier
relié en maroquin rouge.

A la Bibliothèque de Versailles.

234.

Livre aux armes de la Comtesse de Provence : Le *Spectacle de la nature...,* par Noël PLUCHE (Paris, 1755). Relié en maroquin rouge.

A la Bibliothèque de Versailles.

235.

Livre aux armes de la Comtesse de Provence : Almanach de Versailles pour 1782 (Versailles, 1781). — Relié en maroquin rouge.

A M. Henri Grosseuvre.

* * *

236.

Marie-Thérèse de Savoie, Comtesse d'Artois. — Peinture par Charles GAUTIER-DAGOTY, signée : « Charles d'Agoty, 1777 ».

Au comte Allard du Chollet.

237.

Livre aux armes de la Comtesse d'Artois : Essai sur l'Eloquence de la chaire, par l'abbé de Besplas (Paris, 1778). Relié en maroquin rouge.

A la Bibliothèque de Versailles.

238.

Livre aux armes de la Comtesse d'Artois : Almanach royal pour 1788 (Versailles, 1787). Relié en maroquin vert.

A M. Henri Grosseuvre.

239.

Marie-Thérèse de Savoye, Comtesse d'Artois : vêtue d'une Robe de Cour. — Gravure à l'eau-forte et au burin, coloriée, par DENY, d'après DESRAIS ; pendant du n° 231.

A M. Henri Grosseuvre.

240.

Livre aux armes de Mademoiselle d'Artois, fille du comte d'Artois (1776-1783) : *Œuvres* de l'abbé de Saint-Réal, en 4 vol. (Londres, 1783). Relié en maroquin vert ; filets sur les plats, dentelle intérieure.

A la comtesse Niel.

* * *

241.

Marie-Thérèse de Savoie-Carignan, Princesse de Lamballe. —

Peinture par J.-S. DUPLESSIS. Achetée par la Ville de Metz
en 1846, de la Collection Naud (Voy. planche V).

Au Musée de Metz.

242.

La Princesse de Lamballe. — Miniature par AUGUSTIN-DUBOURG.

A Mme J. Porgès.

243.

La Princesse de Lamballe. — Miniature (Ecole française du
XVIIIᵉ siècle).

Au marquis des Monstiers-Mérinville.

244.

Lettre autographe de la Reine *Marie-Antoinette* à la *Princesse
de Lamballe* (1781), où S. M. se réjouit de ce que les loges
franc-maçonniques présidées par son amie délivrent de prisonniers et marient des filles.

A Mme Firmin-Didot.

245.

*Livres aux armes de la Princesse de Lamballe : Abrégé de
l'histoire ancienne* de M. Rollin (Paris, 1763, 5 vol.). Reliés
en maroquin vert olive.

A Mme J. Porgès.

246.

Livres aux armes de la Princesse de Lamballe : Lettres de
Mme de Sévigné (Paris, 1785, 7 vol.). Reliés en maroquin
rouge, filets, tabis bleu, dentelle intérieure.

Au comte Niel.

247.

Livres ayant appartenu à la *Princesse de Lamballe : Lettres* de
Mme de Sévigné (Paris, 1774, 8 vol.), « qui appartenaient
à Mme la Princesse de Lamballe qu'elle m'avait prêté, que
je donne à ma petite-fille Bresilia » (notice de la marquise de
Lage de Volude, née d'Amblimont). Reliés par Derome.

Au vicomte de Fontenay, ambassadeur de France.

248.

Partition ayant appartenu à la *Princesse de Lamballe* :
« *Armide*, drame héroïque, mis en musique par le Chevalier
Gluck » (Paris, 1777). Reliée en veau ; sur le plat recto du
volume se trouve en lettres d'or l'inscription suivante : « *Ce*

PL. VI et VII. — ARMAND ET JULES DE POLIGNAC, par Mme VIGÉE-LE BRUN.

(A M. le Duc de Polignac).

Pl. VIII. — Mme ROYALE, par Kucharsky.

(A Mme Standish, née des Cars).

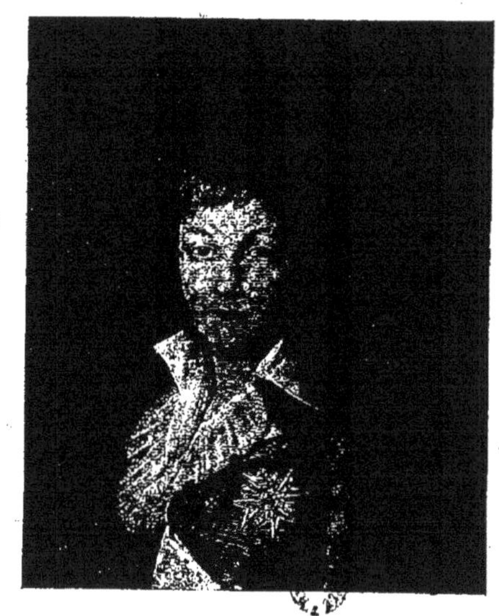

Pl. IX. — LOUIS XVII, par Kucharsky.

(A Mme Ch. M. Widor, née Montesquiou-Fesensac).

livre appartient à S. A. S. Madame la Princesse de Lamballe ».

Au Conservatoire National de Musique.

* * *

249.

Yolande-Martine-Gabrielle de Polastron, Duchesse de Polignac, gouvernante des Enfants de France. — Miniature (Ecole française XVIIIe siècle) ornant une boîte d'écaille.

A M. le duc de Polignac.

250.

Reçu signé de la *Duchesse de Polignac.*

Au comte Allard du Chollet.

251.

Livre aux armes de la Duchesse de Polignac : Leçons élémentaires d'Histoire Naturelle par demandes et réponses, à l'usage des enfans, par le P. Cotte, « dédié à S. A. R. Mgr le Duc de Normandie » (Paris, 1784). Relié en maroquin vert par Derome.

Au comte Allard du Chollet.

* * *

252.

Louise-Aglaé de Polignac, Duchesse de Guiche (plus tard de Gramont). — Miniature ronde sur une tabatière d'écaille et d'or. Léguée par la comtesse de Polastron à la marquise de Lage de Volude, aïeule du possesseur actuel.

Au vicomte de Fontenay, ambassadeur de France.

253.

Livre aux armes de la Duchesse de Guiche : Etat des gardes du Corps du Roi pour 1787 (Paris et Versailles, 1787).

A la Bibliothèque de Versailles.

254.

Armand de Polignac (fils de la Duchesse), enfant. — Pastel de Mme VIGÉE LE BRUN (*Voy. planche VI*).

A M. le duc de Polignac.

255.

Jules de Polignac (fils de la Duchesse), enfant. — Pastel de Mme VIGÉE LE BRUN (*Voy. planche VII*).

A M. le duc de Polignac.

* * *

256.

Lettre a. s. de la *Comtesse Diane de Polignac* (8 juillet 1785),
relative à son jardin de la butte de Picardie.

Au comte Allard du Chollet.

257.

*Livre aux armes de la Comtesse Diane de Polignac : Leçons
élémentaires de physique, d'astronomie et de météorologie,* par
le P. Cotte (Paris, 1788). Relié en maroquin vert par la
veuve Derome.

A M. le docteur Boissart.

* * *

258.

Louise d'Esparbès, Comtesse de Polastron. — Miniature ovale
par KUCHARSKY. Léguée par la marquise d'Amblimont,
amie de Mme de Polastron, à sa fille, la marquise de Lage
de Volude, aïeule du possesseur actuel.

Au vicomte de Fontenay, ambassadeur de France.

259.

Livres aux armes de la Comtesse de Polastron : *Bibliothèque
universelle des Dames* (Paris, 1786 ; 2 vol.). — Reliés en
veau marbré ; un titre imprimé a été ajouté : *Bibliothèque de
Madame la vicomtesse de Polastron, romans...*

Au comte Allard du Chollet.

* * *

260.

Miniature d'*Axel Fersen.* Provient par héritage de la comtesse
de Fitz-James, née Lœwenhielm, aïeule du possesseur actuel.

Au comte Bérenger de Miramon.

261.

Axel Fersen. — Médaillon de bronze doré sur fond de marbre
bleu turquin. Provenant de la Collection Vatel.

A la Bibliothèque de Versailles.

262.

Lettre a. s. d'Axel Fersen (s. d.).

Au comte Allard du Chollet.

* * *

263.

Tabatière en or émaillé avec peinture sur pâte tendre de Sèvres,
donnée par *Marie-Antoinette* à la *Marquise de Soucy*, aïeule
du possesseur actuel.

Au comte Louis de Blois, sénateur.

* * *

264.

Semaine Sainte donnée par *Marie-Antoinette* au *Chevalier de
Launay*, intendant général des finances du Duc d'Orléans.
Reliée par Derome, en maroquin rouge.

Au comte Henri de Mortemart.

* * *

265.

Petit nécessaire donné par *Marie-Antoinette* à Mademoiselle de
Caulaincourt, compagne de jeux du Dauphin ; venu par don et
héritage au possesseur actuel.

A Mme la baronne de Navacelle.

266.

Broche décorée d'un portrait de *Marie-Antoinette*, sur émail,
donnée par la Reine à *Mme Auguié*, sa première femme de
chambre. Mme Auguié, sœur de Mme Campan et aïeule du
possesseur actuel, portait cette broche, qui fut abîmée dans sa
chute, quand elle se tua, à l'annonce du mandat d'amener
décerné contre elle.

A Mlle de Montarnal.

267.

« Duchesse occupant une des premières places chez la Reine ». —
Gravure au burin, coloriée, de LE CLERC.

A M. Henri Grosseuvre.

LA RÉVOLUTION,
LA CAPTIVITÉ ET LA MORT

268.

Louis XVI et *Marie-Antoinette*, le premier coiffé du bonnet phrygien, la reine portant la cocarde tricolore. — Médaillon de plâtre colorié.

A M. A. d'Estailleur.

269.

La « *Famille Royale d'après nature* ». — Stipple anonyme ; caricature vraisemblablement anglaise.

A M. Henri Grosseuvre.

270.

Le *Banquet des Gardes du Corps* (1er octobre 1789). — Gravure populaire anonyme, à l'eau-forte, coloriée (*Collection de Vinck*, II, n°s 2941 ; reprod. dans Fr. Laurentie, *Louis XVII*, I, n° 14).

A M. Henri Grosseuvre.

271.

Même sujet. — Gravure du même genre.

A M. Henri Grosseuvre.

272.

« *Arrivée des femmes à Versailles le 5 oct. 1789* ». — Aquatinte imprimée en couleurs par L. GUYOT d'après TESTARD (*Collection de Vinck*, II, n° 2971).

A M. Henri Grosseuvre.

273.

La terrible nuit du 5 au 6 octobre 1789. — Gravure anonyme à l'eau-forte et au burin (Reprod. dans : *Collection de Vinck*, II, p. 421).

A M. Henri Grosseuvre.

274.

« *Evènement du 6 octobre 1789 : Massacre d'un garde du corps à la porte de l'appartement de la Reine...* ». — Gravure au lavis par Fr. JANINET.

A la Bibliothèque de Versailles.

275.

« *Evènement du 6 octobre 1789 : le Roi paraissant au balcon donnant sur la Cour de Marbre...* ». — Aquatinte par Fr. JANINET ; fait partie, comme la précédente, des *gravures historiques de la Révolution*.

A M. Henri Grosseuvre.

276.

« *Vive le Roi, la Reine et Monseigneur le Dauphin* ». — Eventail de papier, décoré d'une gravure populaire à l'eau-forte, coloriée, représentant le Roi, la Reine et la famille royale au balcon du Château.

A M. Henri Grosseuvre.

277.

« Arrivée du *Roi à Paris le 6 oct. 1789* ». — Médaille de DUVIVIER, à l'effigie de Louis XVI ; au revers, la Ville de Paris accueille le Roi, la Reine et le Dauphin ; exemplaire en bronze.

A la Bibliothèque de Versailles.

* * *

278.

Billet autographe de *Marie-Antoinette* à la *Duchesse de Polignac* (16 juillet 1789).

« Adieu, la plus tendre des amies ; ce mot est affreux, mais il le faut. Voilà l'ordre pour les chevaux ; je n'ai que la force de vous embrasser. »

A M. le duc de Polignac.

279.

Lettre autographe de *Marie-Antoinette* à la *Duchesse de Polignac*, 13 novembre (1789) :

« ... J'espère que le temps rammènera les esprits et qu'ils reprendront confiance dans la pureté de nos intentions... Il est impossible que l'on ne reviennent pas à nous quant on verra et connoîtera notre véritable manière de penser ; le bon bourgeois et le bon peuple sont déjà très bien pour nous icy... »

A M. le duc de Polignac.

— 53 —

280.

Lettre autographe de *Marie-Antoinette* à la *Duchesse de Polignac*, 29 décembre (1789) :

« ... Si mon cœur ne tenoit par des liens aussi forts à mes enfants, vous et à deux amis que j'ai, souvent je désirerois succomber, mais vous autres me soutenez... mais moi, je vous porte à tous malheur, et vos peines son pour moi et par moi... En vérité, si je pouvois être heureuse, je le serois par ses *(sic)* deux petits êtres ; le *choux d'amoure* (le petit Dauphin) est charmant et je l'aime à la folie... »

A M. le duc de Polignac.

281.

Lettre autographe, signée, de *Marie-Antoinette* au *Duc de Polignac* pour lui dire le plaisir avec lequel le Roi et elle-même consentent au mariage de son fils Armand ; assurances d'amitié pour lui et tous les siens.

A M. le duc de Polignac.

282.

Nécessaire de voyage commandé en mai 1791 par *Madame Campan*, sur l'ordre de la *Reine*, en prévision de l'évasion de *Leurs Majestés*. (Voy. les *Mémoires* de Mme Campan). Deux coffrets furent faits : l'un fut envoyé à Bruxelles, l'autre resta à Paris, et fut donné à Madame Auguié, première femme de chambre de la Reine, sœur de Madame Campan ; venu en héritage à son descendant direct, M. Izarn.

A Mme Pierre Izarn.

283.

Billet de *Marie-Antoinette* à la *Comtesse d'Ossun*, sa dame d'atours pour lui annoncer son départ (20 juin 1791). Ce billet fut confisqué, chez Madame d'Ossun, après l'arrestation de la Famille Royale à Varennes.

Aux Archives Départementales de Seine-et-Oise.

284.

Billet de *Louis XVI* à la *Marquise de Tourzel* : « C'est par mon ordre exprès que M⁰ de Tourzel et celui qui mène la voiture emmène mes enfants. A Paris, le 20 juin 1791. »

A M. le duc des Cars.

285.

Marie-Antoinette. — Miniature signée de DUMONT décorant le double fond d'une tabatière. Pendant le voyage de Paris à Varennes, le Roi Louis XVI avait sur lui cette tabatière ;

craignant une perquisition (qui eut lieu à Varennes), il la confia
à la Duchesse de Tourzel, qui accompagnait la Famille
Royale. Après l'arrestation à Varennes, l'incarcération au
Temple, et la mort du Roi, Madame de Tourzel voulut rendre
cette tabatière à la Reine ; mais cette dernière la lui laissa, en
souvenir de son dévouement à la Famille Royale.

A M. le duc des Cars.

286.

Cadre contenant un morceau du dernier ruban du Saint-Esprit
porté par *Louis XVI* et des cheveux de *Marie-Antoinette,*
donnés par elle le *10 août 1792* à la marquise de La Roche-
Fontenilles, sa dame d'honneur, une heure avant la translation
de la Famille royale au Temple.

Au marquis de La Roche-Fontenilles.

287.

Nécessaire de *Marie-Antoinette,* donné par elle le *10 août 1792*
au garde du corps Frédéric de Girard, qui le laissa à sa petite-
fille, la baronne de Pages.

A Mme J. Porgès.

* * *

288.

Mémoire des dépenses faites pour *Louis XVI et la Famille
Royale* en novembre 1792, signé de *Mathey, Concierge du
Temple ;* à remarquer, parmi les fournitures de livres et de
partitions « l'*Himne des Marseilloit* ». — Provient des collec-
ctions de La Morinerie et P. Fromageot.

A la Bibliothèque de Versailles.

289.

Livre de blanchissage de la *Famille Royale au Temple* du
24 septembre au 17 décembre 1792, tenu par *Cléry.* — Provient de la collection de la Morinerie (Reprod. de Fr. Laurentie, *Louis XVII,* I, n° 89).

A M. Henri Lavedan, de l'Académie française.

290.

Malle dans laquelle Mme Despagne, blanchisseuse en titre du
Roi, transportait le linge de la *Famille Royale au Temple.* —
Don du docteur Despagne, son petit-fils.

A la Bibliothèque de Versailles.

291.

Provision de gouvernante des Enfants de France pour la *Marquise
de Tourzel* (26 juillet 1789), aïeule du possesseur actuel.

A M. le duc des Cars.

292.

Montre d'or, émail et perles, ayant appartenu à *Marie-Antoinette*
et donnée par elle à Pauline de Tourzel, Comtesse de Béarn.

A M. le prince de Béarn et Chalais.

293.

Chaine de montre en pierres dures et rubis et cachet de *Marie-
Antoinette* (Le Temple de l'Amour). Donnés par l'Impératrice
Marie-Thérèse à sa fille Marie-Antoinette, et par celle-ci à
Madame Royale, qui en fit don à Pauline de Tourzel, Com-
tesse de Béarn.

A M. le prince de Béarn et Chalais.

294.

Clef montée sur or et lapis. Travail de serrurerie de *Louis XVI*
fait pour la Reine *Marie-Antoinette*. Donnée par elle à Madame Royale, qui en fit don à Pauline de Tourzel, depuis Comtesse de Béarn.

A M. le prince de Béarn et Chalais.

295.

Mémoires de Cléry sur la captivité de la *Famille Royale*. —
Exemplaire dédié par Cléry à Madame de Tourzel. Venu
par héritage au possesseur actuel.

Au comte Henri de Mortemart.

296.

Souvenirs de la *Famille Royale au Temple* provenant de la
Marquise de Tourzel, gouvernante des Enfants de France,
aïeule du possesseur actuel :

1. Médaillon d'or contenant lé profil de *Marie-Antoinette* en
   camaïeu, exécuté par DESFOSSÉS ; Louis XVI portait
   ce médaillon au cou et le donna à Madame de Tourzel au
   début de sa captivité au Temple (reprod. dans : Laurentie,
   Louis XVII, I, n° 63).

2. Médaillon d'or contenant le portrait en miniature de
   Louis XVII par KUCHARSKY ; donné au Temple par
   Marie-Antoinette à Madame de Tourzel, qui ne cessa de
   le porter depuis (reprod. dans : Fr. Laurentie, I, n° 63).

3. Tabatière d'écaille, ornée d'un portrait de profil de *Louis XVII*, à la mine de plomb (reprod. dans : Fr. Laurentie, I, n° 64).

4. Médaillon contenant des cheveux de *Louis XVI*.

5. Petite boîte en forme de tambour renfermant des quilles ayant servi de jeu à *Louis XVII* au Temple (reprod. dans : (Fr. Laurentie, I, n° 76).

6. Cheveux de *Louis XVI* donnés à la Duchesse de Tourzel le 17 août 1792, au Temple.

7. Cheveux de *Louis XVII* donnés à la Duchesse de Tourzel Fr. Laurentie, I, n° 76).

8. Cheveux de *Madame Royale* (même origine).

9. Partie d'un bas de filoselle noire trouvé dans le cercueil de *Marie-Antoinette* le 18 janvier 1815 ; remis à la comtesse de Béarn, par Descloseaux, propriétaire de l'enclos du Cimetière de la Madeleine, qui assistait aux fouilles.

10. Tresse tissée par *Marie-Antoinette* à la Conciergerie (Voy. les déclarations de Rosalie Lamorlière, servante à la Conciergerie).

11. Petite amulette de plomb représentant une « chemise de Chartres ».

12. Couteau ayant servi à la *Famille Royale* au Temple.

13. Portrait de *Louis XVII*. — Médaillon en biscuit de Sèvres, sur fond bleu (reprod. dans : Fr. Laurentie, *Louis XVII*, n° 129).

14. Madame de Tourzel. — Miniature de Campana, ornant une boîte (reprod. dans : Fr. Laurentie, I, n° 59).

Au marquis de Villefranche.

297.

Cheveux de *LouisXVI*, de *Madame Elisabeth* et de *Louis XVII*, coupés par Mme de Tourzel au début de la captivité de la Famille Royale au Temple, renfermés dans un petit monument d'argent. Proviennent de la Duchesse de Tourzel, aïeule du possesseur actuel.

A M. le duc des Cars.

298.

Cheveux de la *Famille Royale*, ayant la même origine.

A M. le duc des Cars.

299.

Toton de la *Famille Royale au Temple*. Ce jeu permettait aux prisonniers de converser plus facilement à voix basse. (Voy. les *Souvenirs de Quarante ans*, de Mme la Comtesse de Béarn (née Pauline de Tourzel). Provient de Pauline de Tourzel (aïeule du possesseur actuel), à qui l'objet appartenait et à qui il fut restitué par la Reine.

A M. le prince de Béarn.

300.

Cadre renfermant des morceaux des tentures recouvrant les murs des chambres de la *Famille Royale au Temple* et une tresse tissée par Marie-Antoinette à la Conciergerie. Proviennent de la Duchesse de Tourzel.

A M. le duc des Cars.

301.

Bracelet d'or orné d'un médaillon renfermant les portraits du *Roi*, de la *Reine* et du *Dauphin*. Donné par Marie-Antoinette à la marquise de Soucy, aïeule du possesseur actuel.

Au vicomte Jean de Blois.

302.

Bracelet renfermant des cheveux de la *Reine*, du *Dauphin* et de *Madame Royale*. Donné par la Reine à la Duchesse de Choiseul-Beaupré.

A Mme J. Porgès.

303.

Portraits de la *Famille Royale*. — Eventail décoré d'un médaillon en grisaille représentant les profils du Roi, de la Reine et du Dauphin. Date de la captivité au Temple (Reprod. dans Fr. Laurentie, *Louis XVII*, I, n° 23).

A M. Henri Lavedan, de l'Académie française.

304.

Bonbonnière en carton laqué décorée des profils de la *Famille Royale* ; travail espagnol.

A la Bibliothèque de Versailles.

305.

Bonbonnière de corne ; sur le couvercle, gravure représentant un amour qui projette une pensée dans une lanterne magique ; par transparence, on voit les *profils du Roi et de la Reine ;* à l'intérieur une vue du Temple.

A la Bibliothèque de Versailles.

306.

Pièces de bois tourné montrant, en ombre chinoises, les *profils
du Roi et de la Reine.*

Au comte Allard du Chollet.

307.

Portraits de *Louis XVI, Marie-Antoinette* et *du Dauphin.* —
Gravure à l'eau-forte et au burin en 1793 à Vienne par J.
ADAM, d'après Callet.

A. M. Henri Grosseuvre.

* * *

308.

Marie-Antoinette. — Pastel par KUCHARSKY, commencé en
1791. On lit au dos :

« La Reine faisait faire ce portrait pour la Marquise de Tourzel, gou-
« vernante des Enfants de France ; il fut presque détruit lors du voyage
« de Varenne, et recommencé en 1792. — Au 10 Août, il fut enlevé de
« l'appartement de Sa Majesté, et retrouvé trois ans après, par les soins
« du Marquis de Tourzel Fils, Grand Prévot de France. — Précieux
« souvenir des bontés de la Reine, dont il donne une ressemblance par-
« faite, quoique bien abîmé par tout ce qu'il a souffert. »

Ce portrait de la Reine reçut, le 10 Août, deux coups de pique des
révolutionnaires.

A M. le duc des Cars.

309.

Marie-Antoinette en 1791. — Portrait par KUCHARSKY. Donné
par la Duchesse d'Angoulême à Pauline de Tourzel, depuis
Comtesse de Béarn.

A M. le prince de Béarn et Chalais.

310.

Marie-Antoinette en 1792. — Miniature ornant une boîte
d'écaille envoyée par la Reine à la comtesse d'Artois à Turin
et donnée par celle-ci à Mme Lot, sa femme de chambre.
Devenue par héritages et dons successifs la propriété de
M. Ch. Vatel.

A la Bibliothèque de Versailles.

311.

Marie-Antoinette au Temple. — Dessin anonyme.

A S. A. R. le prince Sixte de Bourbon.

312.

Marie-Antoinette au Temple. — Ebauche du portrait peint

par KUCHARSKY. Donnée par Louis XVIII au Comte de Blacas.

A M. le duc de Blacas.

313.

Marie-Antoinette au Temple. — Peinture par KUCHARSKY. Donnée par la Duchesse d'Angoulême à Pauline de Tourzel, depuis Comtesse de Béarn.

A M. le prince de Béarn et Chalais.

314.

Même sujet. — Réplique par J.-L. PRIEUR. — Provient de la Collection Leonino.

Au Musée Carnavalet.

315.

Billet écrit par la *Reine Marie-Antoinette* dans sa prison au Chevalier de Jarjayes, fin mars 1793 : la Reine refuse de se laisser sauver sans ses enfants. Ce billet, remis à M. de Jarjayes par le municipal Toulan, fut donné au comte de Chambord par une descendante de Jarjayes.

A S. A. R. don Jaime de Bourbon.

316.

Livre ayant appartenu à *Marie-Antoinette au Temple : Office de la Semaine Sainte.* Provient de M. de la Garde qui, étant de service au Temple, conserva ce livre dont la Reine s'était servi pendant sa captivité. Provient des collections de la Famille Royale.

A S. A. R. Don Jaime de Bourbon.

317.

Aiguilles à tricoter de *Marie-Antoinette au Temple.* — Données à l'aïeule du possesseur actuel.

Au comte E. de Nalèche.

318.

Tapisserie faite par *Marie-Antoinette au Temple.* — Provient de la vente de Cléry.

A S. A. R. le prince Sixte de Bourbon.

319.

Fichu double en point d'Alençon, ayant appartenu à *Marie-Antoinette.* — Légué par Madame la Duchesse d'Angoulême à la Baronne de Sainte-Preuve, attachée à son service pendant vingt-cinq ans.

A la baronne de Sainte-Preuve.

320.

Fragments de robes de *Marie-Antoinette*. L'une d'elles, à fleurettes de couleur, fut portée au Temple. Proviennent de Mme
de Soucy, aïeule du possesseur actuel.

Au vicomte Jean de Blois.

321.

Souliers portés par *Marie-Antoinette au Temple*.

A Mme J. Porgès.

322.

Parapluie ayant servi à *Marie-Antoinette au Temple*. — Provenant de Mme la Duchesse de Brissac, née Montmorency.

A la comtesse Th. de Gontaut-Biron.

* * *

323.

Dernière prière de Marie-Antoinette, écrite le matin même de son
exécution, sur une page de son *Office de la divine Providence*...

« Ce 16 Octobre, à 4 h. 1/2 du matin. — Mon Dieu, aiez pitié de moi !
Mes yeux n'ont plus de larmes pour pleurer pour vous, mes pauvres
enfants ; adieu, adieu ! — MARIE-ANTOINETTE. »

Ce livre fut conservé par le Conventionnel Courtois, qui
chargé, après le 9 Thermidor, de l'enquête sur les actes de
Fouquier-Tinville, s'empara dans le cabinet de l'ancien accusateur public de divers souvenirs. Un descendant de Courtois
apporta le livre à Châlons-sur-Marne. Le dernier possesseur,
M. Garinet en fit don à cette ville. (*Voy. planche XII*).

A la Bibliothèque de Châlons-sur-Marne.

324.

Fragment du drap de *Marie-Antoinette à la Conciergerie*. —
Provient de M. de Schonen, officier dans la Garde suisse.

A la baronne de Schonen.

325.

Lettre autographe de l'*abbé Magnin*, dernier confesseur de la
Reine.

Au comte Allard du Chollet.

326.

Pièce a. s. de *Richard*, concierge de la Conciergerie.

Au comte Allard du Chollet.

327.

Débris de vêtements et jarretières trouvés dans le cercueil de
Marie-Antoinette en 1815 lors des fouilles exécutées au Cimetière de la Madeleine. Donnés par Louis XVIII au Comte
de Blacas.

A M. le duc de Blacas.

* * *

328.

Le *Dauphin* (*Louis XVII*), en 1792. — Peinture, par KUCHAR-
SKY. Donnée par la Reine à la Duchesse de Tourzel, aïeule
de la Comtesse de Montesquiou-Fezensac, mère du possesseur
actuel (reprod. dans : Laurentie, *Louis XVII*, I, n° 61). *Voy.
planche IX*.

A Mme Ch.-M. Widor, née Montesquiou-Fezensac.

329.

Le *Dauphin* (*Louis XVII*), en 1792. — Peinture, par KUCHAR-
SKY. — Provient de la Duchesse de Tourzel, aïeule du possesseur actuel (reprod. dans : Laurentie, I, n° 61 *bis*).

A M. le prince de Béarn et Chalais.

330.

Le *Dauphin* (Louis XVII). — Miniature sur ivoire, signée :
Agathe Bonv. LEMOINE, le 8 septembre 1792 et portant l'inscription : « Dulcis imago mihi, sed quanto dulcior ipse » ,

A M. le duc de Blacas.

331.

Louis XVII. — Miniature en camaïeu inachevée, par SAUVAGE.
Donnée par Louis XVIII au baron Hüe, ancêtre du possesseur actuel (reprod. dans : Laurentie, *Louis XVII*, I, n° 70).

Au baron André de Maricourt.

332.

Louis XVII couronné. — Gravure à l'eau-forte et au burin, sur
satin blanc.

A M. Henri Grosseuvre.

333.

Louis XVII. — Médaillon en biscuit de Sèvres sur fond bleu
genre Wedgwood.

A la Manufacture de Sèvres (Musée céramique).

334.

Louis XVII. — Médaille de bronze ; au revers, un lis brisé et, en exergue : « Cecidit ut flos ».

A M. Quentin.

335.

Cocarde tricolore en ruban faite de la main même de la reine *Marie-Antoinette* et placée par elle sur le chapeau du Comte Adrien de Beaumont, pendant qu'il jouait avec le *Dauphin*, pour le préserver des injures du peuple. N'a jamais quitté les collections de la Famille Royale.

A S. A. R. Don Jaime de Bourbon.

336.

Gilet du *Dauphin*, brodé par *Marie-Antoinette*. — Provient du baron Hüe, aïeul du possesseur actuel (reprod. dans : Laurentie, I. n° 77). *Voy. planche XI*.

A la baronne de Bininger.

337.

Petit gant ayant appartenu à *Louis XVII* ; ce gant, que la Reine portait toujours sur elle et où elle conservait des cheveux et un médaillon du Dauphin, fut trouvé dans la cellule de Marie-Antoinette à la Conciergerie, après son exécution. Le conventionnel Courtois, qui s'en était emparé dans le cabinet de Fouquier-Tinville, le restitua en 1815 à Louis XVIII ; celui-ci en fit don à Mme de Tourzel, aïeule du possesseur actuel.

A M. le duc des Cars.

338.

Fauteuil du *Dauphin au Temple*. — Provient des héritiers du chevalier de Jarjayes.

A S. A. R. le prince Sixte de Bourbon.

339.

Jeu de trictrac du *Dauphin au Temple*. — Donné par Mme Royale, en 1795, à Pauline de Tourzel, aïeule du possesseur actuel (reprod. dans : Laurentie, I, n° 49).

A M. le prince de Béarn et Chalais.

340.

Procès-verbal de la remise du *Dauphin* « âgé de quatre ans, quatre mois et douse jours, ayant ses vingt dents, jouissant de la santé la plus parfaite, sans aucun vice de conformation » à la *Marquise de Tourzel*, gouvernante des Enfants de France (9 août 1789); signé du comte de Saint-Priest, ministre de la

Maison du Roi, et des médecins Le Monnier, Vicq d'Azyr,
Lassone, Brunyer, etc...

A M. le duc des Cars.

341.

Décharge donnée par les commissaires du Temple aux époux
Simon de « *Charles Capet...* prisonnier, étant en bonne
santé » (30 nivôse an II - 19 janvier 1794). — Provient des
collections La Morinerie et P. Fromageot.

A la Bibliothèque de Versailles.

* * *

342.

Madame Royale (vers 1791). — Peinture par KUCHARSKY. —
Provient de la Duchesse de Tourzel, aïeule du possesseur
actuel (reprod. dans : Laurentie, *Louis XVII*, n° 20). *Voy.
planche VIII.*

A Mme Standish, née des Cars.

343.

Madame Royale. — Miniature (Ecole française du XVIIIe siècle).
Provient de la Duchesse de Tourzel, aïeule du possesseur
actuel.

A M. le prince de Béarn et Chalais.

344.

Madame Royale. — Miniature par CHAMISSO, exécutée à
Mittau en 1800. Donnée par elle à sa lectrice, la baronne
Hüe, aïeule du possesseur actuel.

Au baron de Maricourt.

345.

Portefeuille contenant des cheveux de *Madame Royale.* —
Donné par elle à Mme de Chanterenne, sa compagne de captivité.

A Mlle de Chanterenne.

346.

Lettre de *Madame Royale* à Mme de Chanterenne écrite la
veille de son départ du Temple.

A Mlle de Chanterenne.

347.

Billet autographe de *Madame Royale* à la baronne de Mackau,
née de Soucy, sous-gouvernante des Enfants de France (aïeule
du possesseur actuel), au sujet de la mort de sa fille, la marquise de Bombelles (19 décembre 1800).

Au comte Louis de Blois, sénateur.

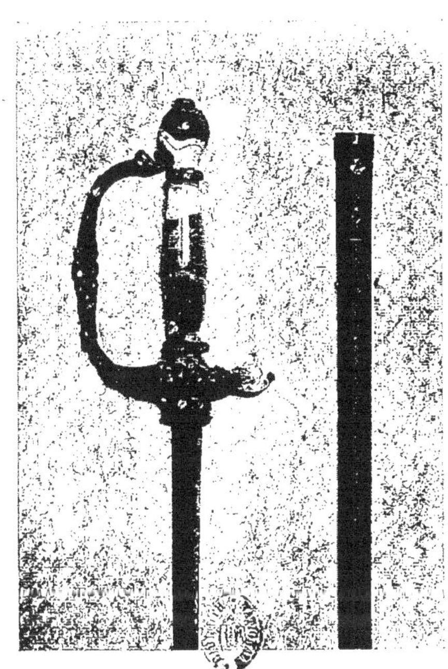

Pl. X. — ÉPÉE DU DAUPHIN (LOUIS XVII).
(Au Musée de l'Armée).

Cl. Emile Paul.

Pl. XI. — GILET DU DAUPHIN (LOUIS XVII),
BRODÉ PAR LA REINE.
(A la Baronne de Bininger).

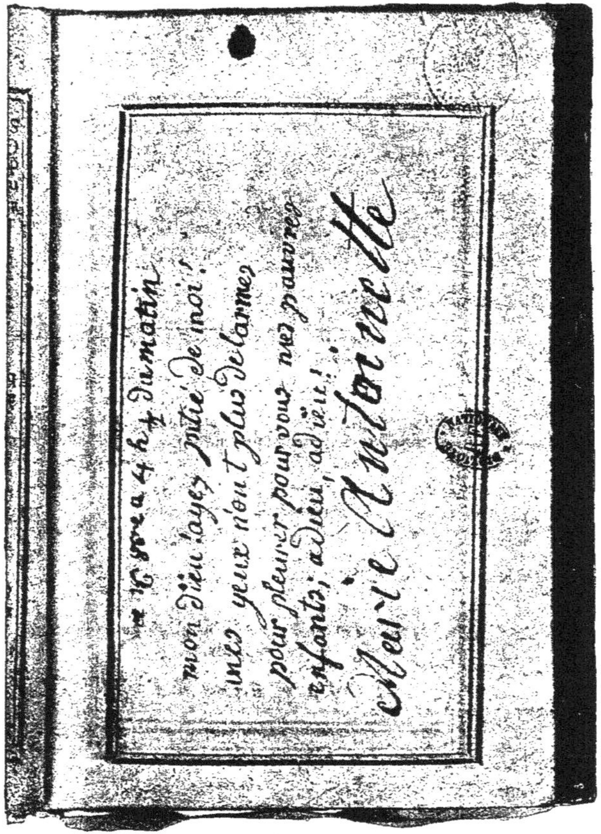

Pl. XII. — DERNIÈRE PRIÈRE DE LA REINE, LE MATIN DE
SON EXÉCUTION.

(*A la Bibliothèque de Châlons-sur-Marne*).

348.

Copie, faite à Mittau, du Journal de *Madame Royale* au Temple. — Provient de la marquise de Soucy, aïeule du possesseur actuel.

A la marquise de Maillé de La Tour-Landry.

349.

Broderie faite au Temple par *Madame Elisabeth ;* pensée sur soie violette, imitant une tête de mort, avec cette légende : « Elle est mon unique pensée ». Don de Madame Royale à la marquise de Soucy, aïeule du possesseur actuel.

Au vicomte Jean de Blois.

* * *

350.

Lettre autographe de *Madame Elisabeth* au comte d'Artois (24 juillet 1792).

Au Musée Carnavalet.

351.

Fichu de mousseline porté au Temple par *Madame Elisabeth* et raccommodé de sa main.

Au vicomte Jean de Blois.

352.

Fragment d'un fichu de mousseline de *Madame Elisabeth* renfermé dans un sachet de soie et passant pour être taché du sang de la princesse.

A Mme Renault des Graviers.

353.

Fragment d'une dentelle de blonde ayant fait partie d'un bonnet de *Madame Elisabeth* (certificat ancien).

A M. Louis Guérin.

354.

Procès-verbal (21 Floréal an II - 10 mai 1794) de la remise par les commissaires du Temple de *Madame Elisabeth,* avant sa comparution devant le Tribunal révolutionnaire. Provient des collections La Morinerie et Paul Fromageot.

A la Bibliothèque de Versailles.

MOBILIER D'ART

355.

Pliant en ixe signé : Georges JACOB et ayant fait partie du mobilier exécuté en 1787 pour la *Laiterie de la Reine à Rambouillet*. Fait partie du mobilier du Petit-Trianon depuis 1810 (récemment identifié par M. Ch. Mauricheau-Beaupré).

Au Musée de Versailles (Petit Trianon).

356.

Petite chaise signée : JACOB et ayant fait partie du mobilier de *Marie-Antoinette*.

A Mme la princesse de Faucigny-Lucinge.

357.

Panneau de carrosse, en bois laqué, aux armes de *Marie-Antoinette Dauphine*.

A M. R. Richebé.

358.

Deux panneaux de la chaise à porteurs de *Marie-Antoinette*, fond bleu, décors or. Don de M. Pierre Germain d'Estailleur, officier de bouche du roi, au grand-père du possesseur actuel.

A M. d'Estailleur.

359.

Quatre *bandes de soierie*, brodées au passé de soie, provenant des *Appartements de la Reine*, au Château, recueilli par Antoine Le Roy, inspecteur des Bâtiments du Roi, puis architecte du Château pendant la Révolution, et passées par héritage au possesseur actuel.

A M. Baraduc-Muller.

360.

Deux *cordons de sonnette* en passementerie, ayant la même origine.

A M. Baraduc-Muller.

361.

Bergère signée : BOULARD, couverte de tapisserie à rayures et provenant de la chambre à coucher de *Madame Elisabeth*, à Montreuil (identifiée grâce à l'étiquette du Garde-Meuble et aux mémoires des fournisseurs, conservés aux Archives nationales).

A Mme T. Chantrell.

362.

Chaise signée : JACOB et SÉNÉ, provenant de la chambre à coucher de *Madame Elisabeth*, à *Montreuil* (mêmes marques d'authenticité).

A Mme T. Chantrell.

363.

Deux fauteuils Louis XVI, de forme basse, passant pour provenir du mobilier des Cabinets de la Reine.

A la marquise de Gourmont.

364.

Pendule en bronze doré, datant de 1770 et destinée à la *chambre du Dauphin*, à l'occasion de son mariage ; sujet allégorique représentant : « la France et le dieu Mars » (voy. le *Catalogue de l'Exposition de Marie-Antoinette et son temps*, de 1894, n° 51).

Au Conservatoire National des Arts et Métiers.

365.

Pendule astronomique de LE NEPVEU, faite à l'occasion du *Traité de Versailles de 1783* (reconnaissance de l'Indépendance des Etats-Unis). Legs Filliette.

A la Bibliothèque de Versailles.

366.

Paire de flambeaux, avec leurs bobèches, en bronze doré, ciselés par GOUTHIÈRE, et ornés de lis ouverts (armes parlantes de *Madame Elisabeth*).

A la comtesse Niel.

367.

Modèles pour un service de porcelaine de Sèvres destiné à

la Reine. — Dessins aquarellés exécutés en 1784 sous la di-
rection de l'architecte MASSON.

A la Manufacture Nationale de Sèvres (Musée Céramique).

368.

Modèles de pièces de céramique pour la laiterie de *Rambouillet*.
— Aquarelle de LAGRENÉE (1788).

A la Manufacture Nationale de Sèvres (Musée Céramique).

369.

Deux gobelets à anses avec soucoupes, provenant de la *laiterie
de Rambouillet*. — Porcelaine de Sèvres (1788).

A la Manufacture Nationale de Sèvres (Musée Céramique).

370.

Deux bas-reliefs de cire pour la *laiterie de Rambouillet*.

A la Manufacture Nationale de Sèvres (Musée Céramique).

371.

Deux rafraîchissoirs de porcelaine de Sèvres blanche, à décor de
bleuets, faisant partie d'un service exécuté pour la *Reine*.

A Mme la princesse de Faucigny-Lucinge.

372.

Chocolatière en porcelaine de Sèvres. — Don de *la Reine* à
Mme Auguié, sœur de Mme Campan et aïeule de M. G.
Partiot.

A Mme Gaëtan Partiot.

373.

Une tasse de porcelaine de Sèvres et sa soucoupe. — Don de
Louis XVI à Mme Campan.

A Mme Gaëtan Partiot.

374.

Une tasse de porcelaine de Sèvres. — Don de *la Reine* à
Mme Campan, sa lectrice.

A Mme Gaëtan Partiot.

375.

Une tasse de porcelaine de Sèvres et sa soucoupe. — Don de
la Reine à Mme Auguié.

A Mme Gaëtan Partiot.

376.

Pot à lait en porcelaine noire, dans le style de Wedgwood,
donné par *la Reine* à Mme Campan.

> A Mme Gaëtan Partiot.

377.

Harpe sculptée, peinte et ornée, portant la signature : « Harpes
inventé par le sieur KRUMPHOLZ et executer par le sieur H.
NADERMAN Luthieur ordinaire de la Reine... » ; sur la table
d'harmonie, décorée de motifs au vernis Martin, se lit :
« H. Naderman, Paris ». Legs V. Couderc.

> A la Bibliothèque de Versailles.

ADDITIONS ET CORRECTIONS

Objets reçus au cours de l'Impression du Catalogue

378.

Crucifix d'ambre et d'ivoire (travail italien du XVIIe siècle), ayant appartenu à la *Famille Royale*. — Donné en 1830 par Mme la Duchesse d'Angoulême au capitaine d'Etat-major de la Garde royale de Queyriaux (grand-père du possesseur actuel), qui l'avait accompagnée en Angleterre, lors de son départ pour l'exil.

Au baron Fernand de Queyriaux.

379.

Ecran en tapisserie fait par la Reine *Marie-Antoinette*. — N'a jamais quitté les collections royales.

A S. A. R. don Jaime de Bourbon.

380.

Coffret en écaille, décoré de plaques d'argent ciselé, donné par *la Reine* à la marquise de *Soucy*, aïeule du possesseur actuel.

Au vicomte Jean de Blois.

381.

Nécessaire de beauté, dans son écrin ancien, comprenant huit pièces, émail et or, décorées de peintures de GAULT. — Provient de la duchesse de *Bouillon*, femme du Grand Chambellan de Louis XVI, aïeule du possesseur actuel.

Au baron de Domecy.

382.

Gravure représentant l'échange, à Bâle, de *Madame Royale* contre des prisonniers français, le 26 décembre 1795.

A M. Ch. Bulffer, de Bâle.

383.

En-cas, en porcelaine, ayant appartenu à la Reine Marie-Antoinette et donné par elle, après le banquet des Gardes du corps, au marquis de Sémonville ; offert par celui-ci à Fr.-H. d'Estailleur, ancêtre du possesseur actuel.

A M. A. d'Estailleur.

384.

Bonbonnière (sujet à mouvement) donnée par la Reine à Mme Auguié, aïeule du possesseur actuel.

A M. Jean Izarn.

385.

Carnet de bal de la Reine Marie-Antoinette.

A Mme la duchesse de Luynes.

386.

La *Famille royale* au Temple. — Peinture (Ecole française du XVIII⁰ siècle).

A S. A. R. don Jaime de Bourbon.

** * **

Par suite d'un empêchement, le n⁰ 167 n'a pu être exposé.

LIBRAIRIE BERNARD

Fondée en 1770 par Pierre Blaizot, libraire de la Reine

Jean-Marie Mercier

LIVRES ANCIENS
ET MODERNES

17, RUE HOCHE, 17
VERSAILLES

COLLECTIONS

des

XVme ~ XVIIme ~ XVIIIme
SIÈCLES

MARCEL POULET

ANTIQUAIRE

10, Boulevard de la Reine, 10
VERSAILLES

Téléph. 8.30

HOTEL DES RÉSERVOIRS

MAISON HISTORIQUE

Restaurant entièrement à la Carte

 THÉ

Musique le Dimanche

ENTRÉE DIRECTE DANS LE PARC

Téléphone : 153 et 10.13